TWICE

TWICE
THE STORY OF K-POP'S GREATEST GIRL GROUP
9人のストーリー
JAMIE HEAL
ジェイミー・ヒール

K-POPってなに?

K-POPと呼ばれる韓国のポップミュージックは実に幅広く、ソロアーティストもいればグループもいます。音楽ジャンルもR&B、ダンスミュージック、ヒップホップ、バラード、ロック、インディーズなどさまざま。スタイルやグループの人数も異なりますが、ここ数年は国籍も多様化が進み、多くのグループで日本人や中国人メンバーが大活躍。そんな幅広いバリエーションをすべて包み込んでいるのが、K-POPのカルチャーなのです。もちろん、TWICEも例外ではありません。

この20年、K-POPカルチャーは大きく発展し、アーティストは音楽だけでなく、ダンススキルや容姿、性格までも磨きをかけ、プロモーションをおこなうようになりました。この魅力的なジャンルをまだよく知らないという人のために、まずは、K-POPのコンセプトやイベント、歴史などを紹介していきましょう。

芸能事務所

欧米のレコード・レーベル同様、芸能事務所とはK-POPアーティストのレコーディングとプロモーションを管理し、出資する企業です。多くの事務所がしのぎを削っていますが、この10年は、いわゆる〝三大事務所〟と呼ばれる「SMエンターテインメント」、「YGエンターテインメント」、「JYPエンターテインメント」が、K-POP業界を席巻(せっかん)してきました。そこに近年台頭してきたのが、BTSの所属事務所「Big Hitエンターテインメント」で、現在は主要なプレーヤーとなっています。芸能事務所がおこなうのは、グループやソロアーティスト、俳優のマネジメントなど。その多くが所属タレントと条件の厳しい契約を結び、食事、男女交際、友だち付き合いまで制限することで知られています。

練習生

芸能事務所は、常にスカウトやオーディションを実施して、新しい才能の持ち主を探しています。そこで選ばれた若者は、多くが10代半ばで契約し、厳しいトレーニングを積むことに。彼らは歌やダンスだけでなく、言語などの必須スキルも学びながら、学校に通って教育も受けます。練習生生活はときに非常に苛酷で、毎月の評価で合格しなければクビになることも。それでも練習生が事務所でトレーニングを続けるのは、いつか〝デビュー〟メンバーに選ばれるためです（〝デビュー〟については後述）。

グループのポジションとライン

K-POPグループの多くは、4人以上のメンバーで構成されます。全員が歌とダンスに参加する一方で、グループにはボーカル、ダンサー、そしてビジュアル（ルックスだけで注目を集めるメンバー）と特定の役割分担があります。各グループにはリーダー（最年長メンバーが選ばれることが多いが、たまに例外もあり）が決められています。最年少のメンバーはマンネと呼ばれるグループの末っ子で、とくにかわいいキャラクターとして愛されます。また、ファンが何人かの同じ役割や特徴のメンバーをまとめて〝〇〇ライン〟と呼ぶこともあります。たとえば、ボーカルならボーカルライン、誕生年が1998年なら98ラインなど。TWICEでは、3人の日本人メンバーが桜ラインまたはJラインと呼ばれています。

デビュー

事務所には、プロデューサーや振付師、スタイリスト、ボーカルトレーナーなどの専門家がおり、選ばれたメンバーとともに〝デビュー〟と呼ばれる活動開始に向けて準備します。デビューはほとんどの場合、いちかばちかの賭けのようなもの。競争の激しい業界でいかにインパクトを残せるかが、重要になってきます。多くの事務所は、何か月もかけて入念に準備。メンバー1人ひとりのティーザー（予告）画像や動画をデビューに先駆けて公開し、ときには、デビュー前のグループを紹介するショートムービーや本格的な映像作品を製作することもあります。デビュー当日には特別なショーケースでパフォーマンスをおこない、それから約1か月にわたって、各種メディアや音楽番組に出演します。

アイドル

アイドルとは、王道のK‐POPスターを指す言葉で、ヒップホップアーティストやロックミュージシャンなど、〝その他の〟ジャンルのアーティストとは区別されます。アイドルとは、マルチな才能を持ち、演技も歌もダンスもできて、ルックスもよくなければなりません。ファンとの対面またはSNSでの交流も重要な仕事の一部で、バラエティ番組にも出演します。

愛嬌（エギョ）

愛嬌とは、かわいい声、表情、そしてジェスチャーで、ファンへの気持ちを表現したり、自分をアピールしたりすることを指します。ファンは、女性アイドルが（ときには男性アイドルも）バラエティ番組やファンミーティング、コンサートで見せる愛嬌が楽しみ。子どもっぽい声で話したり、手でハートやキスの形を作ったり、えくぼでポーズをしてみせたり、あごに両手を当てたりするなどのバリエーションがあります。

ガール・クラッシュ

従来のガールズグループは、かわいらしさや純粋さをイメージさせるため、多くが制服やポップ系のガーリーな衣装を着ていました。しかし、2010年代に入ると、ｍｉｓｓ Ａ、 f(x)、2NE1といったグループが、もっとエッジが効いていて、自信にあふれ、セクシーで自立した女性という、欧米のアーティストに近いイメージを打ち出して人気を博すように。このコンセプトは〝ガール・クラッシュ〟と呼ばれて定着し、2010年代後半には、Red VelvetやGFRIENDが、〝かわいい〟と〝ガール・クラッシュ〟を兼ね備えたコンセプトで活躍しました。

音楽番組

韓国ではほぼ毎日、地上波やケーブルテレビで音楽番組が放送されています。形式はそれぞれ異なるものの、出場歌手は最新の楽曲を披露し、さらに別の曲を歌うことも。番組ではMV(ミュージックビデオ)を流すこともありますが、観客の前でおこなうパフォーマンス(ただし、リップシンク、いわゆる口パクの場合も)は欠かせません。また、どの番組も独自の人気ランキングを発表しており、〝音楽番組で勝利する〟ことは、K-POPアイドルなら誰もが夢見る最初の目標。多くの番組がクリスマスなどシーズンごとに特番を組み、アイドルはヒット曲のカバーや一度限りのコラボステージを披露します。

バラエティ番組

韓国には多くのバラエティ番組があり、アイドルがキャラクターやユーモアのセンスをアピールする場となっています。シンプルなトーク番組もありますが、ゲームや課題に挑戦したり、アイドルが特技を披露したりするものも多数。「週刊アイドル」、「ランニングマン」、「知ってるお兄さん」などのバラエティ番組には、アイドルがダンスで競う人気コーナーがあり、ほかのグループの振り付けをコピーしたり、自分のグループの曲を倍速やランダムで踊ったりします。

VLIVE

2015年にサービスを開始したVLIVEは、K-POPファン向けのストリーミングアプリ。アーティストは、映像や音声を投稿したり、ファンとライブチャットで会話したりすることができます。ファンがコメントする機能もあり、ライブストリーミング(生配信)では、アイドルがそのコメントを読み上げることもあります。こうした生配信は、事前に告知されることもあれば、告知なしで突然始まり、プッシュ通知でファンが気づくという場合も。

TWICEは、VLIVEをよく使います。宿舎からの生配信のほか、コンサートの控室やテレビ番組のバックステージ、空港、さらにはタクシーでの移動中に配信を始めることも。世界中のファンのために、ほとんどのVLIVEが字幕付きで配信されます。

音楽賞授賞式

K-POPにはさまざまな音楽賞があり、アーティストたちは1年のステータスや楽曲、パフォーマンスなどを評価されます。なかでも最も権威があるとされているのが、MAMA（Mnet Asian Music Awards）、MMA（Melon Music Awards）、KMA（韓国大衆音楽賞）、SMA（ソウル歌謡大賞）、そしてゴールデンディスク賞の5つ。授賞式では、アイドルたちがレッドカーペットでカメラに向かってポーズをとり、VIP席に勢ぞろい。多くのアーティストが代表曲やメドレーを披露し、ファンは推しグループに大きな声援を送ります。受賞グループの選考基準はさまざまで、基本的には売り上げやストリーミングの実績が考慮されますが、オンライン投票もおこなわれるため、炎上することも多くあります。

ファン

K-POPファンは、推しアーティストを熱烈に応援することで知られ、人気グループのファンには特別な名前が付けられています。たとえばTWICEのファンはONCE、BTSのファンはARMY、BLACKPINKのファンはBLINKなど。ファンは誰でもなることができ、会員登録のようなものはなく、応援の仕方も自由です。各種オンラインフォーラムがおもなコミュニケーションの場となっており、動画の再生や音楽番組・音楽賞の投票の呼びかけ、コンサートに向けたかけ声やスローガン（メッセージボード）の企画などがおこなわれますが、ただメンバーへの応援メッセージを書き込むだけの人もいます。ファンの間で募金を集め、アイドルの名前で寄付するといったことも、かなり大々的におこなわれています。

カムバック

カムバックといっても、アーティストが長期間活動を休止するわけではありません。K-POPでは、新曲などのリリースと一連の宣伝活動をカムバックと呼ぶのです。このときに〝コンセプト〟の変更がおこなわれることもしばしば。髪色を変えたり、音楽ジャンルを一新したりとその内容はさまざまですが、ひとつのテーマを決め、そのテーマに合わせて衣装、スタイル、音楽をトータルで演出するのが通例となっています。

世代

K-POPには、これまでに4つの世代があったといわれています。第1世代は、1990年代。今の形のK-POPの誕生とともに現れた世代で、ソテジワアイドゥルはその代表格かつ先駆者的存在として知られています。そのほか、ガールズグループとして成功したS.E.S.やFin.K.L.（ピンクル）もこの世代に含まれます。第2世代は、2000年代の韓流ブームを牽引した世代で、少女時代、2NE1、Wonder Girlsが大ヒット。ボーイズグループではBIGBANGやSUPER JUNIORが人気を集めました。第3世代は、まずEXO、そしてBTSが活躍の場を世界に広げ、TWICE、BLACKPINK、Red Velvetなども後に続きました。2018年以降は、第4世代が台頭。ガールズグループでは(G)I-DLE、IZ*ONE、ITZY、ボーイズグループではStray KidsやATEEZがこの世代とされます。

それでは、K-POPの基本を押さえたところで、ここからはTWICEとそれにまつわる物語を見ていきましょう。彼女たちのことを深く知るほどに、TWICEにどんどんはまっていくはずです。

ミニアルバム『Feel Special』ティーザー写真

『SIGNAL』のジェスチャーをみんなで

2018年9月、『Dance The Night Away』パフォーマンス

2018年、MBC Korean Music Waveにて

——『What is Love?』

CONTENTS

Chapter 2
TWICEのメンバー

Chapter 1
TWICEストーリー

6 MIXと「SIXTEEN」韓国・ソウル　2015年10月18日

カメラの前に座る9人の少女たち――彼女たちは、アパートでともに暮らし、2人、3人、4人に分かれ、同じ部屋で眠っている。この共同生活が始まったのは、今から3か月前のこと。9人の年齢は16歳から20歳。国籍は韓国、日本、台湾などさまざま。何年も前からすでに友人同士だった子もいれば、半年前に知り合ったばかりの子もいる。みんな、ほかの10代の女の子たちと、変わらないように見える――とてもかわいい女の子たちだ。

生配信が始まると、前列の少女たちは次々と声をあげるが、中央の金髪の少女だけは丸い目でじっとカメラを見つめている。後列の4人の少女は、歓声をあげたり親指を立ててみせたり、投げキスをしたりして盛り上げる。はにかみながらも笑顔がはじけ、みんなとても嬉(うれ)しそうだ。

この少女たちこそ、新人ガールズグループTWICE。2日後に最初のシングルとEPのリリースを控えている。そしてその日が彼女たちのサクセス・ストーリーの始まりだった。

TWICEを語る上で欠かせないのがパク・ジニョン。〝JYP〟もしくは〝J.Y.Park〟の呼び名で知られる韓国のシンガーソングライターだ。トップ10入りしたアルバムは

3枚、シングルは5枚。そのうちシングル曲『Who's your mama?』は2015年のナンバーワンヒットに輝いた。

JYPは1971年生まれ。韓国の多くのアーティストやグループに楽曲を提供し、プロデュースしてきたが、1997年に満を持して「JYPエンターテインメント」の前身となる事務所を立ち上げた。そして2000年、最初のK-POPブームが起こる。その大きな流れと切っても切り離せない関係にあるボーイズグループg.o.dと歌手Rainが大成功を収めると、彼らの所属事務所であったJYPは、K-POP界で存在感を強めていく。そして2007年、JYPから初のガールズグループ、Wonder Girlsがデビュー。当時平均年齢16歳の5人組は、一大センセーションを巻き起こした。彼女たちはヒップホップやR&Bとレトロをミックスしたスタイルで、ビジュアルコンセプトを絶えず一新。デビュー曲『Irony』に続き、『Tell me』はメンバーの1人、ソヒが歌う「オモナ」という歌詞で注目を集め、2008年には『So Hot』や『Nobody』など、次々とヒットを飛ばした。さらには、K-POPグループとしては初めて、『Nobody』で米国ビルボードHot 100チャート入りを果たし、76位にランクインする。Wonder Girlsは、その後何年もK-POP界を席巻し、その成功に肩を並べることができるグループは、SMエンターテインメントの少女時代だけだった。

JYPは、Wonder Girlsに続いて人気グループを輩出した。なかでも大きな成功を収めたのが、ガールズグループのmiss Aと、ボーイズグループの2PMだ。miss

Ａのデビュー曲『Bad Girl, Good Girl』はＫ-ＰＯＰの名作として知られるようになり、メンバーのスジは国民的人気を獲得する。パク・ジニョン自身も人気者で、ミュージックビデオや所属タレントの曲にカメオ出演し、バラエティ番組にもひっぱりだこ。ＪＹＰエンターテインメントは、数ある芸能事務所の中でも高い評価を得ていた。パク・ジニョンは、練習生であれスターであれ、所属タレントには敬意を持って接することでも有名。デビューさせるアイドルは、容姿だけでなく性格も考慮して選び、本人の考え方や意見に耳を傾けることで知られていた。それは、パク・ジニョン自身が現役のアーティストだったことと無関係ではないだろう。

しかし、Ｋ-ＰＯＰ界は常に変化している。２０１３年の終わりには、ＪＹＰのバラ色の時代に暗雲が垂れこめようとしていた。２ＰＭは引き続きそれなりに成功していたものの、ガールズグループに目を向けると、Ｗｏｎｄｅｒ　Ｇｉｒｌｓもｍｉｓｓ　Ａも実質上の活動休止状態が続き、再開の目途は立っていなかった。関係者によれば、ＪＹＰは三大事務所の地位を失いかけていた。次の人気グループを必要としていたＪＹＰは、２０１４年1月、新たなボーイズグループＧＯＴ７をデビューさせた。そればかりか、4月に2組の新人グループのデビューが計画されていることを発表した。ボーイズグループの５Ｌｉｖｅ（実際には２０１５年にＤＡＹ６としてデビュー）、そしてガールズグループの６ＭＩＸだ。

ＪＹＰは、６ＭＩＸに大きな期待を寄せていた。報道や噂によれば、在籍期間の長い練習生６人で作るグループだとされていた。最初にメンバー候補であることが確実になったのは、韓国系アメリカ人のレナだ。20歳のレナは、ほかのメンバーより2歳年長で、すでにソンミの『満月（Full Moon）』にラッパーとして参加していた。さらに、オーストラリア生まれの中国人練習生セシリアと、4人の韓国人の古株練習生、ジス（ステージネームはジヒョ）、ジョンヨン、ナヨン、ミニョンの名前があがっていた。バランスの良いメンバー構成で、長年ともにトレーニングを積んできた練習生たちは、十分にデビューの準備ができていた。

ところが、2014年4月16日、韓国を悲劇が襲った。韓国沖にある人気観光地、済州島行きのフェリーが沈没し、304名の乗客と乗組員が犠牲になった。しかも、そのほとんどは高校生だった。韓国国民全員が大きな衝撃を受け、深い悲しみに包まれた。JYPは、このタイミングで新グループを発足させるべきではないと判断し、ひっそりと計画を延期した。しかし、この延期は6MIXに大きな影響を与える。セシリアが、延期の決定後まもなくJYPを退社したのだ。理由はアイドルになることにためらいがあったためとも、慢性的なひざの痛みを抱えていたためとも言われているが、その後中国に帰国し、現在では宋妍霏（ソン・ヤンフェイ）の名で俳優として活躍している。

だが、6MIXはそれで終わったわけではなかった。JYPは、まだ候補となる練習生を大勢抱えていた。そこから、日本人練習生で、ほかの練習生とも知り合いだったサナが、空席を埋めるために選ばれた。JYPでは、全員日本人のグループをデビューさせる準備もしていたが、サナが抜けたことで、この日本人グループの計画は宙に浮いてしまった。モモとミナはJYPに残ったが、シカ、リホ、モネはほどなくして退社した（その後、シカは2019年にFANATICSとしてFANCINOエンターテインメントからデビュー）。新しい6MIX候補たちは、2014年の秋にトレーニングを開始した。

同じ年の冬、JYPオフィスである決定が下され、2010年のmiss A以来のガールズグループ6MIXをめぐる計画は再考されることになった。そして2015年2月、K-POPファンたちに知らされたのは、新グループのデビュー日ではなく、新しいガールズグループが春にテレビ放送されるサバイバル・オーディション番組によって結成される、というニュースだった。参加者は全員がJYP練習生で、2017年デビューに向けて準備していた年少の練習生と、日本人グループになるはずだった練習生、そして現在の6MIX候補だという。ただ、このラインナップには明らかな空白があった。6MIXの要だったレナは、このときすでに退社していた。その後、彼女はセシリア同様、中国で俳優として成功することになる。

2015年4月10日、JYPは韓国のテレビチャンネルMnetで放送される全10話のサバイバル番組「SIXTEEN」の予告動画を公開した。この〝新人ガールズグループプロジェクト〟のゴールは、16人の練習生を7人に絞りこむことだった。番組では、少女たちの戦いが赤裸々に描かれるという——それも、熾烈（しれつ）な戦いになることは間違いなかった。パク・ジニョンは、6MIX候補のエリート練習生をほかの練習生と競わせ、大きなプレッシャーの中でも自信と才能を見せることができるかどうかを評価しようとしていた。

そして番組の狙いは、デビュー前からスキルを十分に証明し、大勢のファンがついたグループを作り出すことだった。

韓国では、オーディション番組の人気が非常に高い。長年の人気を誇るのは「スーパースターK」だが、2011年に放送を開始した「K-POPスター」は、優勝者が好きな会社からデビューできるというルールで、「スーパースターK」をしのぐ注目を集めた。パク・ジニョン自身、「K-POPスター」の過去6シーズンすべてで審査員を務め、鋭くも愛のあるコメントを残している。JYPも、過去にサバイバル番組の形式を活用したことがあった。日本でもBS11で放送された2011年の「熱血男児」は、練習生の中から新たなボーイズグループが結成されるまでを追った密着番組だ。しかしデビュー直前に、パク・ジニョンは合格者を2つのグループに分けた。それが、2AMと2PMである。パク・ジニョンのこの大胆な計画変更が間違っていなかったことは、後に2つのグループが大きな成功を収めたことで証明された。

JYPは、「SIXTEEN」から生まれるグループも同様に成功させたいと考えていた。参加者は、事務所の女性練習生のなかでもとくに優秀な、18歳以上の年長組と17歳以下の年少組から選出。名前は1人ずつ発表され、それぞれの短いティーザー動画が公開されていった。ナヨンは、「私みたいな女の子は……恋人にぴったり!」という自己紹介でたちまち人気者になった。練習生期間10年の経験豊富なジヒョ、ボーカルの実力者ミニョン、元気で明るい日本人のサナ、そして最後に、おしゃれでセンスの良いジョンヨンが発表された。サナのほかにも、参加者の中には2人の日本人がいた。モモは、2012年4月に渡韓して練習生となっており、ダンスの才能に秀でていることで有名だった。ミナは、1年ほど前にJYPに入社したばかり。ティーザーに数秒映った情熱的なダンス以外は、熱心なK-POPファンにとっても未知の存在だった。

年少組にも、練習生期間の長い韓国人練習生が3人いた。ダヒョンは、教会での〝鷲ダンス〟がインターネットで話題になった有名人。ジウォンも歌がうまく、JYPでの練習生期間は3年になっていた。そして、小柄なラッパーのチェヨンはまだ16歳だったが、2012年からJYPに所属していた。

残り6人の練習生は、全員が15歳以下だったが、才能では負けていなかった。15歳の姉イ・チェヨンと13歳の妹チェリョンのチェ姉妹は、2013年に「K-POPスター3」に出演したのをきっかけにJYPに入社。14歳のウンソは頬がふっくらとしてかわいいと評判が高かった。韓国・オランダ・カナダの多重国籍を持つ14歳のソミは、抜群のスター性でティーザーだけで放送前から2番人気に。一際目を引く台湾人のツウィは、16歳になるまでまだ1か月あるが、すでに練習生として2年半を過ごしていた。タイ人のナッティは、13歳になったばかり。いちばん年下ながら、グループに選ばれる自信と可能性を秘めていた。

番組は、審査のたびに参加者をメジャー組とマイナー組に振り分ける形で進行した。この振り分けは、番組を勝ち抜くチャンスに直結していた。メジャー組に選ばれると、番組のロゴをあしらったペンダントをもらうことができたが、それ以上に重要なのは、さまざまな特権を得られることだった。メジャー組は本物のアイドルと同じように、きれいな宿舎に住み、ブランド服を着て、昼間に練習室を使うことができた。逆に、マイナー組はみじめに扱われ、宿舎は狭くてかび臭く、露店で古着を買わなければならなかった。とくにつらいのは、夜9時から朝9時までの間しか練習室を使えないということだった。このシステムが生みだす緊張感から、番組はさらにヒートアップした。ミッションで勝つと、マイナー組は実力を証明し、メジャー組のペンダントと地位と特権を奪いとることができる――各評価の勝者は、視聴者のオンライン投票を考慮し、パク・ジニョンが決定することになっていた。

2015年5月の放送開始前に、パク・ジニョンは新しいガールズグループのグループ名を発表していた。TWICE――「2回目」「2度」というグループ名には、耳で1度、目でもう1度人々の心に触れるという意味が込められている。パク・ジニョンは、最終グループに誰を選ぶかはまったく決めていないと語っていた。「SIXTEEN」は、間違いなくサプライズとドラマに満ちた番組になるだろうと誰もが予測した。

最初のメジャー組は、ナヨン、ミニョン、ジウォン、モモ、ミナ、チェヨン、そしてダヒョン。これは、JYPのスタッフが「過去の練習実績」にもとづいて選んだ。この選抜組にジョンヨンが入らなかったのは驚きだったが、それ以上に大きな衝撃を与えたのが、練習生として10年やってきたジヒョがマイナー組に落とされたことだった。これには、ジヒョ自身も涙を流した。

その後、5月から7月にかけて放送された全10話のエピソードで、少女たちのアイドルとしての可能性が評価された。歌とダンスはもちろん、チームワーク、プロモーション、写真撮影、カリスマ性etc…。番組が進むにつれ、ファンはパフォーマンスだけでなく、日常を切り取った映像を通して、参加者の素顔に親しんでいく。ピリピリとした空気、口論、そして嫉妬。この番組は、厳しい弱肉強食の世界を徹底的に暴露していった。

最初のミッションの課題はスター性で、視聴者はすぐに自分の推しを見つけた。ダヒョンはすでに有名になっていたオリジナルの鷲ダンスを再現。サナは、料理番組をまねして楽しげに生春巻きを作り、パク・ジニョンに食べさせた。13歳のナッティは、自分で振り付けを考えたダンスで実力をアピールした。

その次に始まった写真撮影ミッションでは、ジョンヨンは白いTシャツにローラーでペンキを塗り、独特のセンスをアピール。ミナは白雪姫の継母をイメージしたポーズで審査員をうならせた。残りの参加者のほとんどは、カメラの前で魅力を十分に発揮することができずにパク・ジニョンの怒りを買い、その中でもとくに評価の低かったチェ姉妹の姉イ・チェヨンが、最初の脱落者となって番組を去ってしまった。

第3ミッションは、それ以上に残酷な展開が待っていた。マイナー組がメジャー組に挑み、直接対決する1対1バトルだ。いざというときに役立つのは、年長の練習生たちの経験。ナヨンはアリアナ・グランデの『Santa Tell Me』をカバーし、カリスマ性と安定した歌声で審査員を感心させた。モモはペンタトニックスの『Problem』でダンスの実力を見せつけ、ダヒョンもペンタトニックスの『La La Latch』に乗せたエネルギッシュなダンスで、鷲ダンス以外にも引き出しがあることを証明した。第1ミッションで感動的な歌声を披露し、メジャー組に昇格したジヒョも、この機会を逃さなかった。前回のミッションでカメラマンに太っているといわれたことを逆に利用し、ありのままの体型を称賛するメーガン・トレイナーの『All About That Bass』を選曲したことで勝機をつかんだのだ。

残念ながら、2人目の脱落者となったのはウンソだった。才能があることは明らかだったが、経験不足と緊張のために、それを十分に発揮できなかった。番組の折り返し地点近くでメジャー組に入っていたのは、ナヨン、ジョンヨン、ジヒョ、ミナ、ソミ、チェリョン、そしてナッティ。しかし、台湾人のツウィはマイナー組にいながらも、その美貌とプッシーキャット・ドールズの『Sway』の見事なパフォーマンスで、オンライン投票では2位につけていた。

休む間もなく、メジャー組とマイナー組はさらに2つずつのチームに分けられた。舞台裏に密着した映像では、各チームが振り付けを練習する様子を公開。とくに印象的だったのは、ミニョンとダヒョンが練習を無断欠席し、真剣に練習するチームメンバーのサナやツウィと一瞬険悪になったシーンだ。しかし、その後サナのチームは、アリアナ・グランデの『Problem』をパフォーマンスして高評価。ファレル・ウィリアムスの『Happy』を選曲したナヨン、ジョンヨン、ミナ、チェリョンのチームに勝利した。

もうひとつの対決では、ジヒョがリーダーシップを発揮。まだ韓国語がおぼつかない練習生がいるチームをうまくまとめ、おそろいの赤いスーツと蝶ネクタイに身を包み、ブルーノ・マーズの『Uptown Funk』のパフォーマンスで観客を魅了した。モモ、ジウォン、チェヨンのチームは、ケリー・ヒルソンの『The Way You Love Me』をカバーし、テーブルを使った色っぽい振り付けで対抗。結果、観客の声援が大きかったのはジヒョチームのほうだったが、パク・ジニョンはとくにジウォンを評価した。興味深いことに、どちらの対決でもパク・ジニョンが個人的に評価したチームは、観客には選ばれなかった。

このミッションのルールでは、負けた2つのチームから脱落者を出さなければならない。非情にもモモが犠牲になったことに、誰もが驚いた。モモはそのダンススキルで多くのファンの心をつかんでいたため、パク・ジニョンも脱落させたくはなかったが、その不安定な歌声が決め手になってしまった。この結果にほかの参加者は目に見えて動揺し、ショックを受けた。なかでも、日本人のサナとミナがひどく落ちこんでいたのは、言うまでもないだろう。パク・ジニョンは、未来のガールズグループから〝ダンスマシーン〟を奪うことで、墓穴を掘ってしまったのだろうか？

次のミッションは、これまでよりは楽しいものだった。キャンプに出かけた参加者たちは、ゆっくり羽根を伸ばしていた。といっても、完全に気を抜くことはできない。ここでもパク・ジニョンは目を光らせていた。ジェスチャーゲームをしたり、プールで巨大浮き輪に乗っておもちゃのハンマーで戦ったりした後で、パク・ジニョンはこのお遊びも、ミッションのひとつだったと告げた。JYPが探しているのは、歌やダンスがうまいというだけではなく、誠実で正直な人間なのだと。それを踏まえ、参加者たちは、グループにふさわしいと思う参加者を3人、投票することになった。その結果明らかになったのは、ジヒョはパク・ジニョンがあげた条件に当てはまると、ほぼ全参加者が認めていること。そして、ジョンヨン、ミニョン、ナヨンも思いやりがあると慕われていることだった。

最後から2番目のミッションでは、再びメジャーとマイナーがそれぞれ2つのチームに分けられた。さらに今回は、プロモーションも自分たちでおこない、観客を集めるという新たな課題が追加された。見どころのひとつは、ナヨンが母校を訪れ、同じチームのジョンヨン、ツウィとともに、男子高校生たちをすっかり虜にしてしまうシーン。とくにツウィは、ナヨンとジョンヨンに男性を誘惑する手ほどきを受けたおかげもあってか、大人気だった。パフォーマンスでも3人は、miss Aの『Hush』をカバーし、観客を楽しませた。ミッションが終わると、パク・ジニョンは、チェヨンがWonder Girlsの『Nobody』で披露したラップと、ジヒョの完璧な歌声を絶賛（体重には注文をつけた）。ミナが自信をつけたことも評価した。残念ながら、ジウォンはまだデビューの準備ができていないとされ、ここで脱落となった。

最後のミッションは、メジャー組とマイナー組が、本物のガールズグループになりきっておこなうパフォーマンスでの直接対決。チームごとにパク・ジニョンが不得意だと考えた曲と、チームを比較するための共通の曲の2曲で争った。チェヨン、ミナ、ミニョン、ナッティ、サナ、ソミのメジャー組は、ｍｉｓｓ Ａのフェイがトレーナーを担当。パク・ジニョンが「正確なリズム感が必要」だと語る『Going Crazy（おかしくなったみたい）』を割り振られた。一方、チェリョン、ダヒョン、ジョンヨン、ナヨン、ツウィ、そしてジヒョ（メジャー組だが人数をそろえるために移動した）は、２ＰＭのＪｕｎ．Ｋをトレーナーに、より高度な歌唱とラップの歌い分けスキルが要求される『Truth』を準備した。

どちらのパフォーマンスもすばらしい出来で、今でも、後に公開されたＴＷＩＣＥバージョンと同じくらい愛されている。パク・ジニョンはマイナー組のパフォーマンスを評価し、とくにジョンヨンとツウィの貢献が大きいとコメントしたが、ここでもメジャー組のチェヨンを大絶賛。勝負の行方は、２０１５年7月7日に放送される最終話、各チームが同じ曲を披露する『Do it again（もう1回言って）』のパフォーマンスに委ねられた。

まったく新しい曲に合わせた振り付けで踊るため、参加者たちは、自分たちで曲のトーンやムードをつかまなければならなかった。前日の夜は、全員が集まって一緒にスイカで作ったデザートを食べた。練習生期間と「ＳＩＸＴＥＥＮ」の思い出を語り合いながら、さまざまな思いが込み上げる。そして、運命を左右する最後のパフォーマンス。それぞれのチームは、自分たちの強みを最大限に発揮。歌唱力で劣るメジャー組が、愛嬌と演技でいっぱいの楽しいステージを作り上げたのに対し、マイナー組は、ナヨン、ジョンヨン、そしてジヒョが全力を尽くし、歌で圧倒した。パク・ジニョンもこの3人を評価し、マイナー組に投票した。しかし、最終決定は、観客とオンライン投票、そしてJYPスタッフの意見が総合的に考慮される。

観客が最終結果を待つ間、2つのチームは一緒に番組のテーマソングである『I'm gonna be a star』を披露。その後、これまでに脱落した練習生、チェ姉妹の姉チェヨン、ウンソ、ジウォン、モモも加わって、ビヨンセの『7/11』を踊った。そしていよいよ、番組のゴールとなる瞬間がやってきた——TWICEのメンバーの発表だ。

最終的に選ばれたのは、番組で最高の歌唱力を見せたナヨン、才能と神秘的なキャラクターが際立っていたジョンヨン、パク・ジニョンに「完璧でデビューの準備ができている」と評されたジヒョ、愛されキャラでカリスマ性もあるダヒョン、個性的でスキルも申し分ないサナ、JYPスタッフから最も伸び代があるとされたミナ、毎回ステージ上でパク・ジニョンの心をつかんでいたチェヨンの7人だった。そして、チェリョン、ミニョン、ナッティ、ソミ、ツウィの5人は脱落した。はずだったが……。

これまでも、番組は多くのショックとサプライズを提供してきた。だが、本当の衝撃はここからだった。パク・ジニョンは、さらに2人のメンバーを加えて、7人ではなく9人のグループにすると発表した。1人目の追加メンバーは、観客に選ばれオンライン投票で

1位を獲得したツウィ。そして2人目には、さらに驚きの名前があがった。JYPスタッフは全会一致で、モモをTWICEに加入させることを決めたのだ。早い段階で脱落していたにもかかわらず……。インターネットは騒然とし、ファンの間で論争が巻き起こった。これは公平と言えるのか？　視聴者はだまされていたのか？　パク・ジニョンは最初からメンバーを追加するつもりだったのか？　さまざまな意見が飛び交ったが、ある1点については、異を唱える者はほとんどいなかった。ガールズグループにかけては、パク・ジニョンに見る目があるのは間違いない。彼が選んだ9人は、世界に羽ばたくのにふさわしい少女たちなのだと。

「SIXTEEN」参加者たちのその後

「SIXTEEN」では、番組の形式上、脱落者を出さなければならなかった。実にJYPらしく、参加者全員がベストを尽くし、パク・ジニョンの求める誠実なオールラウンダーになるべく努力した。最終的に、脱落したのは7人だけ。もちろんモモは復活できたが、それでもトラウマ的な体験だったことに変わりはない。パク・ジニョンは、脱落した練習生に2年後にもう1度チャンスを与えると約束したが、多くの練習生は、JYPでデビューするという夢が終わったことに気がついていた。

チェリョン

「SIXTEEN」が始まったとき、たった13歳だったチェリョン。番組に参加したのは、ただ経験を積むためだけだったのかもしれない。しかし、彼女はダンスと歌のスキル、カリスマ性で強い印象を残し、最終話まで勝ち進んだ。このことに満足したのか、チェリョンはJYPに残り、その選択は彼女にとってもJYPにとっても良い結果をもたらした。2019年2月、チェリョンはJYPの次のガールズグループ、ITZYのメンバーとしてデビューを果たす。ITZYは韓国、日本、そして世界で大きな話題となり、2019年の主要な音楽賞のすべてで新人賞を受賞した。

イ・チェヨン

最初の脱落者となったイ・チェヨンは、才能をアピールする機会がほとんどないままに番組を去ることになってしまった。その後、JYPを退社したが、2018年に別のオーディション番組「PRODUCE48」に出演し、12位にランクイン。その結果、12人組ガールズグループIZ*ONEとして2018年10月にデビューした。IZ*ONEは韓国と日本で人気を集め、2020年のカムバックでは、アルバム『BLOOM*IZ』がどちらの国のチャートでも上位に入った。

ウンソ

まだ14歳だったウンソは、当初のかわいらしいイメージからの脱皮に苦労していた。そして、1対1バトルの振り付けで大きなミスをしてしまい、「SIXTEEN」から脱落。2017年、再びオーディション番組「アイドル学校」に参加するが、このときもデビューは叶(かな)わなかった。

ジウォン

歌唱力に定評のあるジウォンは、「SIXTEEN」で勝ち残る可能性が高いと考えられていたが、緊張に負けてしまったようだ。パク・ジニョンから、ダンスが合っていないこと、歌唱力が安定しないことを指摘され、最後の脱落者となった。2017年に、ジウォンも「アイドル学校」に参加して6位となり、fromis 9として2018年1月にデビュー。初期に発表した楽曲は韓国でトップ5に入り、2018年と2019年には数々の新人賞を受賞した。

ミニョン

ミニョンはかわいそうだが、そもそも、アイドルになる運命ではなかったのかもしれない。6MIXとしてデビューする夢が立ち消えになってから、「SIXTEEN」で2度目のチャンスを与えられた。高い歌唱力と豊富な経験で、TWICE入りは確実かのように思われたが、番組のプレッシャーは大きかったよう。視聴者に対してもパク・ジニョンに対しても良い印象を残すことができず、またチャンスを逃してしまった。「SIXTEEN」の放送終了後、ミニョンはデビューの夢を諦め、学生に戻った。

ナッティ

「SIXTEEN」最年少のナッティは、放送が進むにつれてファンを増やしていった。エネルギッシュさと人柄もさることながら、才能も申し分なく、とくにダンスがうまかった。放送終了後はJYPを退社し、2017年に彼女もまた「アイドル学校」に挑戦。最終ミッションまで勝ち残ったものの、結局は脱落してしまった。まだ若く、母国タイでの根強い人気もあったことから、ナッティは時間を味方につけ、2020年の4月にスウィング・エンターテインメントと契約。ソロアーティストとして、2020年5月にデビューしている。

ソミ

放送期間中のほとんどをメジャー組で過ごしたにもかかわらず、ソミは惜しくもTWICE入りを逃した。パク・ジニョンはソミのスター性を理解していたが、デビューはもう少し待ったほうが良いと提案し、この判断は正しかった。2016年、ソミはJYPを代表して、オーディション番組「PRODUCE 101」のシーズン1に参加し、ガールズグループI.O.I.のメンバーに見事選ばれたのだ。I.O.I.は2016年5月にデビューし、大きな話題となったが、半年ほど活動して解散してしまった。その後ソミは、バラエティ番組の司会などを務め、引き続き知名度を上げていったが、音楽の道を諦めたわけではなかった。2018年、JYPを退社し、ライバル事務所YGに移籍。YG傘下の独立レーベルTHE BLACK LABELから、ソロのシンガーとして2019年の6月にデビューしている。

TWICEのデビュー

「SIXTEEN」の公平性について、どんな議論がなされたのか。JYPは最終話放送の翌日、何が起きたかをはっきりさせるために、事務所として公式な見解を発表する必要性を感じていた。

会見では、パク・ジニョン自身が口を開いた。モモとツウィは、観客とスタッフに選ばれ勝利した7人の練習生に加わり、TWICEの一員になる。自分の推しが脱落したことを嘆く視聴者もいたが、最終的には、互いを補い合える、確かな才能と無限の可能性を秘めたメンバーが選ばれたのだと。その結論には、ほとんどの人が賛成した。実力だけでなく運も作用したのかもしれないが、JYPは、グループとしての条件を満たす9人のメンバーにたどり着いたのだ。

年齢もバランスがとれていた。最年長は、19歳のナヨン。96ライン（1996年生まれのメンバー）であるジョンヨン、モモ、サナは、3人ともまだ18歳だった。97ラインのジヒョとミナも18歳で、ダヒョンが17歳。チェヨンとツウィが16歳で、最年少はツウィだった。グループの末っ子は韓国語でマンネと呼ばれ、愛されキャラとして甘やかされるという、K-POP界独特のポジションを与えられる。グループのうち5人は韓国人だったが、ミナ、モモ、サナは日本人、ツウィは台湾人だった。韓国カルチャーへの関心が高まり、いわゆる韓流(はんりゅう)ブームが起きている東アジアで活動するためには、外国人メンバーがいることはアドバンテージになる。

メンバーの性格もさまざまだった。ジヒョは繊細で思いやりがあり、生まれながらのリーダー。グループの盛り上げ役、ダヒョンはふざけるのが好きで、自然体でも面白い。ナヨンはいつも元気いっぱいで、最年長だが常に率先して騒ぎ、楽しいことを探している。ジョンヨンは相変わらずおしゃれなイメージだが、ほかのメンバーをからかうのが好きだというお茶目な一面もあった。サナはかわいいだけでなく、頭の回転も速い。ほかのメンバーはおとなしめで、なかでもミナは控えめな性格だった。ツウィもどちらかといえば物静かだったが、「ＳＩＸＴＥＥＮ」を見てきた視聴者は、彼女にユーモアのセンスがあることをよくわかっていたし、それは今後十分に発揮されることになる。まだデビュー前ということもあり、とくに若いメンバーがカメラの前で素顔を見せることに慣れていないのも無理はなかった。

「ＳＩＸＴＥＥＮ」という番組を通じて、視聴者はそれぞれのメンバーの特技や、ＴＷＩＣＥがどんなグループになるかを垣間見(かいまみ)ることができた。比較的人数の多いＴＷＩＣＥのようなグループでは、全員が同じ振り付けを踊る一方で、役割分担も必要になってくる。ジョンヨン、ジヒョ、ナヨンは歌唱力に自信があり、安定した歌声でリードボーカルを務めた。ミナとモモはすばらしいダンサーで、チェヨンとダヒョンは誰が見てもグループのラッパーにふさわしかった。番組を通じて、サナとツウィのダンスと歌のスキルも飛躍的に進歩していた。

メンバーには、「SIXTEEN」の疲れをゆっくり癒す暇はなかった。番組が終わるとすぐに、TWICEのデビュー曲のリハーサルがスタート。9人のメンバーは、K-POPでは当たり前になっている共同生活を送るため、韓国の首都ソウルの宿舎に入った。宿舎は1階で、隣の家は空き家だったので、メンバーが騒いでも幸い大きな問題にはならなかった。部屋割りは、とくにもめることもなくすんなりと決まった。年少のチェヨン、ダヒョン、ツウィが3人部屋、ジヒョ、ミナ、ナヨン、サナの4人がいちばん大きい部屋、仲良しのジョンヨンとモモが残った部屋を使うことになった。

一緒に暮らすと、お互いの癖がわかってくる――良い癖も、悪い癖も。チェヨンはいつでもどこでも寝落ちし、いつまでも寝ていられる。ナヨンは寝言を言うだけでなく、目を開けたまま寝る。ミナは、起きているときもベッドの上でごろごろするのが好き。ツウィは早起きで、ほかのメンバーを起こしてくれる。ジョンヨンとモモは同じベッドで寝ていたので(間にモモの大きなテディベアを挟んでいたが)、「夫婦」と呼ばれるようになった。意外なことに、グループの「お母さん」役になったのはクールなジョンヨンで、アパートをまめに掃除し、ほかのメンバーにもきちんと家事を分担させた。

パク・ジニョンは、なるべく早く新しいグループを世界に向けて発表する必要があった。時間が経てば、人々の興味は次のオーディション番組に移り、「SIXTEEN」で好きになった推しへの関心を失ってしまうかもしれない。そのために、メンバーはわずかな時間で、新しい曲を練習してレコーディングし、振り付けを覚えなければならなかった。何より重要な、ミュージックビデオの撮影もある。デビューの瞬間からベストな姿を見せるため、メンバーの多くが苛酷なダイエットに励んだ。といっても、練習があまりにハードだったため、何もしなくても体重が落ちたというメンバーもいた。びっくりするほどの大食いで知られるモモでさえ、この追い込み期に約1週間で7キロも減量した。TWICEとしてデビューする前に、すべてを完璧に準備しなければならない――デビューとは、K-POPアーティストのキャリアにおいて、最も重要なイベントのひとつなのだ。

7月から8月にかけて、メンバーは「TWICE TV」に出演した。VLIVEで配信された、5つのミニエピソードからなるプログラムだ。最初の4話は、メンバー1人ひとりがこれまでの思い出を振り返り、第5話では全員そろってパク・ジニョンと食事をする。パク・ジニョンは、自身がプロデュースしたアーティストを気にかけ、よく食事に連れていくそうだ。とくに、ガールズグループのことは気にかかるという。パク・ジニョンは、事務所がアーティストに望むことは、良い人間になるために努力することだと話し、TWICEのメンバーはそれぞれデビューへの思いをつづった手紙を読みあげた。そして、手紙で約束したように一生懸命努力してパフォーマンスすれば、世界一のグループになれるだろうと話した。

さらに、パク・ジニョンはTWICEのリーダーを決めるため、メンバーに投票させた。

パク・ジニョンいわく、リーダーとは、自分を後回しにしてグループを第一に考えられる人でなければならない。そして、グループの代表として事務所のスタッフと交渉し、ほかのメンバーのお手本として問題を解決する能力も必要になる。食事の後で投票をおこなった結果、ジヒョが1位、ジョンヨンが2位となり、ジヒョがリーダーに選ばれた。

K-POPアーティストがデビューできるのは、たった1度だけ——初めて世間の前に姿を現すその瞬間は、人々の注目を集める絶好のチャンスだ。ポップス界は、いつでも次のビッグネームになるすばらしいアーティストの登場を待っている。緊張の面持ちでスポットライトの中に足を踏み出す若者のことは、好意的に見てくれることが多い。デビューするグループが良い第一印象を与えることができれば、彼らのキャリアはロケットスタートを切り、その後の活動は比較的簡単で楽しいものになる。ただし、デビューで失敗すると、険しい道のりが待っている。スタートでつまずいたグループが挽回することは不可能ではないが、それはめったに起こることはない。

ひとまず無事にデビューすると、アーティストはポピュラー音楽という大きなくくりの中に放り込まれる。まずはその中で、自身のコンセプトやイメージをなるべくシンプルに表現し、できるだけ多くのファンを獲得するのが第一歩。既存のグループを押しのけてチャートや配信ランキングで1位を獲得するのは難しいかもしれないが、上位に食い込めば、韓国国内だけでなく、世界のK-POPファンの目に留まる可能性もある。

デビューの方法は、事務所の戦略や予算に左右される。アーティストが大きな夢を抱いてデビューするその当日は、ショーケースを開催。会場に入れたラッキーなファンの前でライブパフォーマンスをおこない、メディアの取材を受ける。その一部始終は、世界中のファンに向けて生配信されることも。それから、毎週放送されるテレビの音楽番組でデビュー曲(ときにはほかの曲も)を披露する。韓国では、ほぼ毎日音楽番組が放送されており、なかでも影響力が大きい人気番組「Mカウントダウン」、「SHOW CHAMPION」、「ザ・ショー」などでおこなったパフォーマンス映像は、YouTubeで繰り返し再生される。また、新しいファンの心をつかむためには、デビュー曲のミュージックビデオ(MV)も非常に重要な役割を持つ。

TWICEがその背中を追うK-POPの偉大な先輩ガールズグループは、いずれも華々しくデビューを飾ってきた。大手事務所SMに所属する少女時代は、2007年に『また巡り逢えた世界(Into the New World)』でデビュー。アンセム的でエネルギッシュなこの曲は、韓国で最高5位にランクインした。2009年には、YGのグループ2NE1の楽しくてキャッチーなデビュー曲『FIRE』の2種類のMVが1日で100万回再生され、「モンスタールーキー」という言葉が生まれた。JYPでは、2010年のmiss Aのデビュー曲『Bad Girl, Good Girl』が大きな注目を集めた。さらに、TWICEがデビューするわずか1年前には、SMのRed Velvetが、デビュー直後から世界で成功できることを証明した。彼女たちの『Happiness』が、ビルボードのワールドデジタルチャートで4位にランクインしたのだ。ＴＷＩＣＥのハードルは心理的にも商業的にも、どんどん高くなっていく。

これらの先輩ガールズグループは、まだ活動中だったし（２ＮＥ１は実質上の活動休止状態）、ＴＷＩＣＥがデビューに向けて準備する間も、ほかの新人ガールズグループはＴＷＩＣＥに追い越されまいと精力的に活動していた。２０１５年1月にはＧＦＲＩＥＮＤ、３月にはＣＬＣ、7月にはＷＡＮＮＡ・Ｂ、8月にはＡＰＲＩＬ、9月にはＤＩＡがデビュー。前年にデビューしたＬＯＶＥＬＹＺやＭＡＭＡＭＯＯも順調に活動しており、競争は激しかった。

しかし、ＴＷＩＣＥには「ＳＩＸＴＥＥＮ」というアドバンテージがあった。番組の人気は高く、どのメンバーにもすでにかなりのファンがついていた。多くのグループがゼロの状態でデビューする中、ＴＷＩＣＥはすでにK-POPファンの間でよく知られた存在だった。そしてついに、２０１５年10月7日、ＪＹＰが公式ウェブサイトを公開。ＴＷＩＣＥがミニアルバムでデビューすると発表した。それから2週間、いくつものティーザーが画像やショートムービーの形で公開されることで、ファンはさらにメンバーに親しんでいく。

グループ全体のメインビジュアルでは、メンバーは一列に並び、両手を腰に当て、真剣なまなざしでカメラを見つめている。赤、黒、迷彩の1人ずつ異なる衣装を着用した少女たちは、フレッシュでエッジィだ。イラストやレースがついたショート丈のトップス、ミニスカートやショートパンツに、リストバンドやバングルを重ね、足元は黒の厚底ブーツ。

1人だけ膝上丈の網タイツを履いたナヨンがセンターに、その両サイドにサナとジョンヨンが立っている。ジョンヨンは相変わらずショートヘアだが、髪色はローズピンクに変わっている。左端のモモは、まぶしい金髪になっていた。

同じティーザー用の衣装を着た個人写真も公開され（これは「ＳＩＸＴＥＥＮ」の写真撮影ミッションの成果！）、ファンはメンバー1人ひとりを今度は細かいところまでチェックすることができた。サナは高めのツインテールで指を唇に当て、しゃがみこんだポーズで魅了している。ツウィは、暗めの茶髪で顔を半分隠し、唇を噛（か）んで誘うようにカメラを見つめる。哀愁漂う表情のジヒョは、赤い髪が印象的だ。ほかのメンバーは、ややぎこちなさを感じるものの、これから成長していくという未来を感じさせた。メイクや衣装も、彼女たちの魅力を完璧に引き出していた。

メンバーごとに、20秒のティーザー動画も公開された。その内容は、何気ない日常の風景に、突然ゾンビが現れるといったもの。それなのに、どのメンバーもまったくゾンビを気にしていない。ファンの間でとくに話題になったのは、ダヒョンのティーザーだ。ダヒョンがリビングで鷲ダンスを踊っているところに2体のゾンビが現れるのだが、ゾンビもつい一緒に踊ってしまう。ジョンヨンの動画も評判がよく、彼女がグループでエッジィな役割を担っているのがよくわかる演出だった。ソファでポップコーンを食べながらテレビを見ていると、そこにゾンビが現れる。そこでジョンヨンはゾンビにポップコーンを食べさせようとするが、ゾンビがそれを吐きだすと、仕返しに大声をあげ、ゾンビを逆に震え上がらせるのだ。

TWICEの9人のメンバーにとって、運命を決める10月20日は、あっという間にやってきたに違いない。この半年間は、目の回るような忙しさだったが、事務所とともに十分な準備をしてきたし、miss Aや第2世代のWonder Girlsからも心構えを聞かされていた。この日は、デビューミニアルバムとシングルの発売日というだけでなく、ソウルのUNIQLO-AXホール（現在のYES24ライブホール）でショーケースを開催し、ファンの前で初めてTWICEとしてステージを披露する日でもあった。それだけでも緊張するというのに、ショーケースはVLIVEで生中継されることが決まっていた。

パク・ジニョンは、TWICEの音楽ジャンルを説明するのに、新しい言葉を用意していた。〝カラーポップ〟――ロック、R&B、ヒップホップの組み合わせから引き出すフレッシュなサウンドと、どこか斬新で、癖になる歌詞。人々は、このカラーポップが本当に新しいジャンルと言えるのか、それとも事務所が新人を宣伝するためのでっちあげにすぎないのかを、TWICEのデビューシングルを聞いて判断しようと待ちかまえていた。『Like OOH-AHH』という曲名からは、確かに元気で楽しい雰囲気が感じられた。

もしかすると、いちばんのサプライズは、TWICEのデビュー曲を書いたのがパク・ジニョンではなかったことだったかもしれない。パク・ジニョンはソングライターとしても多くの作品を発表しており、g.o.d、Rain、2PM、Wonder Girls、GO

T7、miss AなどK-POPアイドルだけでなく、ウィル・スミスなど欧米のアーティストにも楽曲を提供していた。しかしながら、パク・ジニョンの曲はレトロな影響を受けがちでもあったため、TWICEのデビューを飾るフレッシュなサウンドを作り出すために、当時話題になりつつあった新しいプロダクションチームに声をかけたのだ。

彼らの名は、ブラック・アイド・ピルスン。黒い目の勝利、という意味で、ウィル・アイ・アムがいるアメリカのグループ、ブラック・アイド・ピーズにちなんだ名前だ。ブラック・アイド・ピルスンは、ラドとチェ・キュソンによる作曲家ユニット。ラドは本名のソン・ジュヨンとして2009年にボーイズグループSomedayとしてデビューしたが、その後裏方に回り、4minute、Apink、Trouble Makerなどに曲を提供した。一方、チェ・キュソンは、T-ARA、Beast、Hyunaなどのヒット曲を手がけたことで有名になっていた。彼らは2014年にブラック・アイド・ピルスンを結成し、ガールズグループSISTARのナンバーワンヒット『TOUCH MY BODY』や、ボーイズグループTEENTOPのトップ10ヒット『Missing』を作曲。それから、miss AやGOT7の楽曲で、JYPとも仕事をしていた。パク・ジニョンは、彼らこそカラーポップを作り出すのに理想のチームだと確信していた。

そのときは近づいていた。10月19日0時のMVの公開に合わせ、TWICEのメンバーたちは夜の11時半から宿舎でパジャマパーティーを開き、V LIVEで配信した。ぬいぐるみを抱いてソファの上に集まったメンバーたちは、寮生活や夜中のつまみ食い、ダンスパーティーについて話した。0時が近づくと、緊張していると言いながらも、メンバーのテンションは高まり、興奮が募っていった。そしてついにMVが公開されると、盛り上がりは最高潮に。メンバーが思い思いに歌ったり踊ったりして祝う中、唯一ジョンヨンだけは、感動の涙を流していた。

興奮で眠れなかったかもしれないが、次の日はデビュー日。ショーケースで『Like OOH-AHH』を初めてパフォーマンスする日だった。コンサートホールでは、メンバーたちはファンの期待に見事に応えた。赤と迷彩の衣装を身につけた彼女たちは、ソロパートでも、グループダンスでも、エネルギッシュな振り付けとリズムに乗った歌で観客を魅了した。ただひとつ、予定外のハプニングがあった。ジヒョが、自分の最初のパートで感極まって泣き出してしまったのだ。10年間努力してきたジヒョにとって、この瞬間はどれほど意味のあるものだったのか。それは、すぐにファンにも伝わった。

カラーポップとは何なのかも、この日明らかになった。それは、バブルガム・サウンドをアップデートした新しいジャンルだった。楽しく、アップビートで、一緒に口ずさみたくなる。かわいらしいが、甘くなりすぎずに、うまくメリハリを効かせている。それでいて、明らかに第3世代のK-POPでもある。はっきりとしたビート、ラップパート、R&Bを感じさせるヴァースに、見事に一体化したクラップやロックギター、シンセサイザーのサウンド。フルートですら、ごく自然にインストゥルメンタルの一部として取り入れられている。歌割りは、ジヒョとナヨンがかなり多めにボーカルパートを担当し、チェヨンとダヒョンが短いラップパートを任されていた。ほかのメンバーの貢献もゼロではない。順番に自分のパートを歌いながら、仲良しの女の子同士でわちゃわちゃしている雰囲気を出し、ユーモアとアクセントをちりばめた。

曲の歌詞は、比較的新しい作詞家サム・ルイスによるもので、「誰かと恋をしたいけど、かわいい見た目にしか興味のない男はお断り」という女の子の気持ちを歌っている。この曲によってTWICEは、自分が魅力的だということを良くわかっていて、2番目では満足しない、現代的な女の子というイメージを打ち出した。ガール・クラッシュまではいかないが、十分に自立心が表現されたデビュー曲だった。

ショーケースでは、ミニアルバムからの曲も披露した。バラードの『Like a Fool』は、デビュー直後のアイドルが歌うには難しい曲だったこともあり、何人かは明らかに緊張していた。ジョンヨンとサナがとくに苦労しているようだった。実際、サナは高音を外したときに、見た目にもわかるほど動揺してしまった。しかし、ジヒョ、ミナ、ナヨンの安定した歌声にリードされるうちに、ほかのメンバーの歌声も力強くなっていく。「SIXTEEN」最終ミッションの課題となった3曲を歌うときには、自信さえみなぎっていた。ミッドテンポな『Truth』のバリエーション豊かな振り付けは9人の魅力を最大限に引き出していたし、R&B風の『Going Crazy（おかしくなったみたい）』では、リラックスして楽しむ姿も見ることができた。『Do it again（もう1回言って）』では、ハイテンションで髪をふり乱して踊るのだが、このナンバーの主役はモモ。キレのあるダンスと見事なラップに称賛の声が上がった。

インターネットでも、ショーケースの評価は上々。ファンは、TWICEのメンバー全員のルックスのよさに衝撃を受け、K-POP史上最もかわいいグループだと断言した。フレッシュなイメージとサウンドが気に入ったというファンもいた。そしてJYPは、9人ものメンバーがいるグループで、どうやって1人ひとりを目立たせるのかという難題を見事にクリアした。ファンは髪や衣装でメンバーを見分けることができたし、それぞれの個性に夢中になった。

こうして華々しいデビューとともに、ついにTWICEは始動したのだった。

THE STORY BEGINS

ショーケース当日は、『Like OOH-AHH』のミュージックビデオ（MV）も公開されていた。YouTubeにアップロードされるMVは、ファンの獲得に欠かせないツール。とくに海外に対して良いアピール材料になる。世界のどの国でも利用できるYouTubeを通じて、韓国の外（アメリカやヨーロッパ、中東、とくに日本とアジア各国）に住む好奇心旺盛なK-POPファンも、JYPの新人ガールズグループがなぜこれほど騒がれているのか知ることができた。

MVは、アーティストのプロモーション活動の中心的ツールになっている。楽しく、面白く、目を引く映像は何百万回と再生され、アーティストの知名度を飛躍的に上昇させることもある。そのため、TWICEのデビューシングルは、何度も繰り返し再生されるような魅力的なビデオにしなければならない。プレッシャーは、非常に大きかった。

MV製作を任されたのは、これまでにmiss AやGOT7などJYPの主要アーティストすべてと関わったことのある、ナイーブ・クリエイティブ・プロダクションだった。彼らに与えられた課題は、フレッシュで、カラフルで、楽しいというTWICEのコンセプトを世界に伝え、かつ各メンバーを紹介すること。ハロウィーンが近づいていたため、ナイーブはメンバーの周りをゾンビで囲み（だからティーザーにもゾンビが出演していたのだ）、ユーモアとスリルを演出した。

MVは、廃校のセットをワンテイクで撮影した映像から始まり、ゾンビが捌けるとメンバーを1人ひとり映していく。灰色の壁に制服風衣装のシャープな色合いが、良いコントラストを作っていた。ナヨンは黄色と黒のタータンチェックのミニスカート、サナはチアリーダーのユニフォーム、ジヒョはジムウェア、最年少のツウィは上下とも本物に近い制服。次のセクションでは、夕暮れを背景に、フェンスにさえぎられてうめき声をあげるゾンビたちの横で、デビュー時の衣装を着たメンバーが踊っている。そこに、スクールバスに乗って逃げるシーンが挿入されるが、なぜかバスは広場に到着。そしてMVは、「一緒に楽しもうよ」といった様子でメンバーがゾンビたちとダンスするシーンで締めくくられる。

ストーリーはシンプルで、歌詞とはあまりつながりはない。深読みすれば、ゾンビが美しい少女の気を引こうとする男たちを表しているといえるくらいだ。しかしこのMVは、曲のエネルギーやアップビートな雰囲気と映像がマッチしているのはもちろん、TWICEのメンバーも輝いている。さらに、どのメンバーも個性的で、すぐに自分の推しの見分けがつく。ジヒョの赤い髪や、ジョンヨンのピンク色のショートヘアだけではない。ダヒョンの赤いハイライト、チェヨンのかきあげ前髪、ツウィのロングヘアや飛び抜けて長い脚も目を引いた。

MVは、TWICEのもうひとつの重要な要素を表現している。それは、メンバーが楽しむのが好きだということだ。オープニングでかわいくウインクするナヨン。ミナとモモのバレエポーズをまねしようとして失敗する、お茶目なサナ。そして、バスの通路で１人ずつ主役になって踊るエンディングのボーナス映像。ナイーブは、見る人を虜にする映像を作るという目標を完璧に達成してみせた。かわいくて、元気いっぱいで、ちょっと変わったところもある――誰もが、もっとＴＷＩＣＥについて知りたいと思うだろう。

ＭＶが大正解だったことは、すぐに証明された。公開から24時間で、『Like OOH-AHH』は１００万回以上再生され、２日後には再生回数は2倍に。Ｋ-ＰＯＰ関連の動画としては、世界でテヨンの〝Ｉ〟の次に人気の動画となった。（この時点ではまだ）記録を更新したわけではなかったが、世界で戦えることがわかったのだ。

同時に、ミニアルバム『THE STORY BEGINS』も発売された。長さは20分ほどで、『Like OOH-AHH』のほかにも、ショーケースで披露した『Do it again（もう1回言って）』『Going Crazy（おかしくなったみたい）』『Truth』『Like a Fool』、そして当時はまだライブではパフォーマンスしていなかった『Candy Boy』の全6曲が収められていた。バラードの『Like a Fool』（ショーケースのときとは違い、音程は完璧で感動的な仕上がり）を除いては、どれもアップテンポで楽しい雰囲気のエネルギッシュなコンセプトの曲ばかり。ヒップホップ、ファンク、Ｒ&Ｂ、ＥＤＭなどさまざまなジャンルが織り交ぜられたサウンドは、分類するのが実に難しい。そう、きっとこれこそが〝カラーポップ〟なのだ！

シングルもミニアルバムも、たちまちチャートで存在感を見せつけた。『THE STORY BEGINS』は、韓国のガオンチャートで初登場4位を獲得。『Like OOH-AHH』は22位でスタートし、いずれもビルボードのワールドチャートや日本の音楽チャートにもランクインした。しかし、TWICEにとってこれは始まりにすぎなかった。シングルのプロモーションという、大仕事が待っていたのだ。デビューしたばかりのメンバーにとって、ライブパフォーマンスはプレッシャーが大きい。メイクのために早起きする過密スケジュール、次から次にやってくるリハーサル、緊張感のあるレコーディング。ときには、番組の出番がくるまで何時間も楽屋で待つこともあった。

こうしたパフォーマンスは「デビューステージ」と呼ばれる。TWICEの最初のデビューステージはショーケースの2日後、Mnetが毎週放送する音楽番組「Mカウントダウン」だった。このとき、パフォーマンスが始まった瞬間にたった1人でかけ声を張り上げていた女性ファンがいたことは、その後何年も語り継がれることになる。今となっては信じがたいことだが、ほかの出演者にはすでに大勢のファンがついていたのに比べると、TWICEのファンはまだまだ少なかった。ハロウィーン風のセットが用意されていたが、ゾンビの姿はなく、メンバー9人だけが全力で踊り、生の歌声を披露した。デビューのときとは違い、黒とグレーを基調とした新しい衣装だったが、かわいくてセクシーなコンセプトはそのまま。ジヒョの“AFTER DARK”と書かれたTシャツと膝上丈のストッキングはとくに目を引き、モモの切りっぱなしのデニムホットパンツとぴったりとしたショート丈のトップスに、観客は息を飲んだ。

番組のいつもの流れで、TWICEは2曲目に『Do it again』もパフォーマンスした。2015年秋のトレンドである赤、青、黒のスポーツウェア風の衣装に着替え、今度はひたすら女の子らしい、スキップやジャンプをたくさん取り入れたダンス。チェヨンとモモのラップがステージを引き締め、最後には1人残ったサナが最大級の愛嬌を見せた。この時点で、一部のファンはある疑問を抱いていた。TWICEが目指しているのは、かわいいガールズグループなのか？　それとも、エッジィなガール・クラッシュなのか？

翌週、TWICEは「ミュージックバンク」「ショー！K-POPの中心」「人気歌謡」「ザ・ショー」に次々と出演した。とくに新人の場合、音楽番組ではリップシンクを使うことが多いが、ステージを重ねるごとに生歌でもリラックスし、自信を持って歌えるようになっていった。衣装も毎回チェンジ。基本的には短いトップスと、タイトスカートまたはフレアスカート、ショートパンツを身につけていた（どういうわけか、ジョンヨンはいつもほかのメンバーより丈が短かった！）。9人はそれぞれ別の衣装を着用しつつも、色や模様でグループの統一感を出している。たとえば「ショー！K-POPの中心」では、黄色と黒がテーマ。ミナとチェヨンは黄色と黒のチェックの短いトップス、ツウィとダヒョンは黄色と白と黒の柄のフレアスカート、サナは同じ柄のワンピースだった。

観客は、TWICEのルックスの良さに驚いた。どのK-POPグループにも、1人か2人は〝ビジュアル担当〟と呼ばれる容姿の優れたメンバーがいるものだが、TWICEの場合、誰がビジュアル担当なのか決めるのが難しかった――それほど、全員が同じくらい魅力的だったのだ。ファンが自分の〝推し〟を選んでも、次に違う番組を見るとまた別のメンバーを好きになってしまう。この、2番目に好きなメンバー、または新しく推したくなってしまうメンバーを英語では"bias wrecker(バイアス・レッカー)"と呼ぶ。バイアス・レッカーとしてよく名前があがったのは、ミナ、モモ、ダヒョン、ジョンヨンだったが、どのメンバーもネット上で話題になっていた。

次にファンが注目したのは、TWICEの振り付けだった。有名なK-POPの振付師リア・キムによる明るく楽しいダンスは、9人の魅力を存分に引き出していた。振り付けをまねしようとしたファンはすぐに、見た目ほど複雑ではないことに気がつく(ただし、TWICEはハイヒールで踊っている)。フルートを吹く仕草、両手で作るハートマーク、投げキス、マリリン・モンローのようにスカートを押さえるポーズ、「ooh ahh」のツイスト、ジャンプ、シェイクをマスターすれば、ほぼ完成なのだ。ただし、ブレイクダウンはそれほど簡単にはコピーできなかった。モモは一流のダンサー。首を振って髪をなびかせるソロダンスは、素人にはコピーすることが難しいプロの作品と言えた。

プロモーション活動は、音楽番組に出演したら終わりではない。6週間のスケジュールには、雑誌のインタビューや写真撮影、サイン会、生のラジオ番組、事前収録のテレビ放送なども含まれている。5か月前までただの練習生だった9人のTWICEメンバーにとって、そのすべてが初めての経験だった。「Mカウントダウン」でのデビュー前日、メンバーは「ELLE」誌で初めて雑誌の撮影に挑んだ。日没後の運動場は寒かったが、メンバーたちは撮影を楽しみ、エネルギーあふれるグループ写真が完成。撮影はスタジオでもおこなわれ、さらにすばらしいショットが生まれた。つややかな黒い衣装やレースを身にまとい、ファム・ファタールのような雰囲気で、生まれながらのモデルのように見事なポージングを見せている――「SIXTEEN」の写真撮影ミッションの頃とは、比べ物にならないほど上達していた。

ファンとの対面にも、まだメンバーたちは慣れていなかった。K-POPアーティストにも出待ちがあり、TWICEがデビューステージを終えてスタジオを出ると、200人以上のファンが出てくるメンバーを待っていた。毛布にくるまって外に出てきた彼女たちは、集まったファンに手を振り、ぎこちないながらも挨拶をした。それほど多くの人たちが集まったことに、目に見えて驚いているようだった。サナは感激して涙をこぼすほどだったが、今後その数はどんどん膨れ上がっていくことになる。

新しいファンたちは、デビューと同時に「TWICE TV」の第2シリーズが配信されると知って喜んだ。クリスマスまで毎週配信され、アルバムのジャケット撮影やデビューステージ、「ELLE」誌の撮影、初めてのCM撮影などの舞台裏に密着する。TWICEが出演した最初のCMは、制服ブランド、スクールルックスのものだった。後半のエピソードでは、メンバーが動物園に行ったり、韓国最大のテーマパークであるエバーランドでジェットコースターに乗ったりする企画もあり、視聴者はオンオフ両方の姿に触れることができた。

なかには、気楽に見られる面白エピソードもあった。初めのほうに放送された「SIXTEEN」のパロディでは、それぞれがほかのメンバーを演じ、モモはパク・ジニョンになりきった。ナヨンが披露したサナのものまねは爆笑ものだったし、ミナはツウィの特徴をうまく捉えていた。第5話では、自分のプロフィールを書き、ナヨンはガール・クラッシュなポーズ、サナはマッサージスキルなどの特技をアピール。また、あるエピソードでは、15秒の動画を制作するというミッションに、ミナが提案したホラームービーが投票で選ばれた（モモは豚足（チョッパル）のCMを提案したが採用されなかった）。できあがった動画はかなり怖く、とくに白目をむいたツウィの演技は真に迫っていた。

ファンは「TWICE TV」シリーズを気に入っていたが、本当に待ち望んでいたのは、TWICEがバラエティ番組に出演することだった。韓国人はバラエティ番組が大好きで、候補も多い。スタンダードなトーク番組もあるが、ゲストがさまざまな企画に挑戦して、いつもと違う素顔を見せるような番組はとくに大人気。面白くてくだらないゲームもあれば、難しくて真剣に取り組むような企画もあり、司会者はどんな大物がやってきても、ゲストを茶化して盛り上げるのがお決まりの流れになっていた。

TWICEが初めて出演したバラエティは、YouTubeチャンネル「1theK」の「Let's Dance」だった。画面に登場すると、メンバーたちはオリジナルのフレーズで、「One in a million（ワン・イン・ア・ミリオン）、こんにちはTWICEです」と挨拶した。この夏、ずっと練習してきたフレーズだ。番組では、簡単なゲームをし、バイクのヘルメットをかぶった黒ずくめの男に『Like OOH-AHH』の振り付けを教えるメンバーを2人ずつ選んだ。大きな声を出すゲームでは、もちろんダヒョンとジヒョが勝ち、ランダムに選ばれたヒット曲の振り付けを覚えるゲームでは、ナヨンとツウィが勝利した。このバラエティがひとつの試金石だったとしたなら、TWICEは大成功を収めたと言っていいだろう。面白さ、かわいさ、そして才能を、同時に発揮できることを証明したのだ。

TWICEがとくに出演を期待されていたのが、バラエティ番組の中でも人気の長寿番組「週刊アイドル」だ。60分の番組では、面白おかしくトークしながら、司会者がゲストの素顔をあばいていく。この番組をきっかけに、これまでいくつものK-POPアーティストがスターの地位にのし上がってきた。TWICEがデビューしてからたった50日で「週刊アイドル」に呼ばれたという事実は、『Like OOH-AHH』の影響力の大きさを表している。

番組の司会を務めるのは、人気タレントのデフコンと、ボーイズグループINFINITEのソンギュ。実はソンギュは、前任者のチョン・ヒョンドンが降板し、バトンを渡されてからまだ2週しか経っていなかった。ソンギュも緊張していたおかげで、TWICEはかえって落ち着いて収録に臨めたのかもしれない。がちがちに緊張した新人グループという視聴者の予想に反して、TWICEはエネルギッシュさと豊かな個性を発揮して、番組を盛り上げた。

オープニングでは、各メンバーがあだ名を使って自己紹介をする。子どもの頃からバレエを習っているミナの「ブラックスワン」、ツウィの「長身マンネ」、サナの「キューティーセクシー」、ナヨンの「明るいエネルギー」はわかりやすいが、もう少し説明が必要なメンバーもいた。ダヒョンの「元気な豆腐」は、肌が豆腐のように白いから。モモの「パフォーマンスとお腹担当」は、いつも腹筋を見せているからというわけではなく、大食いだから。そしてジヒョの「マイク担当」は、マイクがいらないほど声量が大きいから。残る2人、仲良しのジョンヨンとチェヨンのあだ名は「ノジェム（面白くない）」兄弟。なぜなら、ほかの誰にも理解できないジョークに、2人で笑っているからだ。

番組のメインパートでは、ゲストが才能やカリスマをアピールできるゲームに挑戦。よくあるのは、ランダムに選ばれた自グループの曲を2倍速で踊るとか、ある曲の振り付けを違う曲に合わせて踊るといったものだが、初登場のTWICEには、もう少し簡単な課題が用意されていた。ほかのグループの振り付けをまねるコピーダンスだ。だが、遊びやトレーニングで何度もやったことがあっても、ゴールデンタイムのテレビ番組で振り付けを思い出すのは難しい。しかし、モモはすぐにEXOの『CALL ME BABY』に合わせて体を動かし、ナヨンもAOAの『Heart Attack』をすんなり再現してみせた。miss Aの『Bad Girl, Good Girl』がかかると、ほぼ全員がノリノリで前に出て踊った。ただ1人座ったままだったダヒョンは、最後にINFINITEのヒット曲『Bad』がかかると勢いよく立ち上がり、オリジナルの歌手であるソンギュの隣で踊りだした。

TWICEが「週刊アイドル」に出演したのは、韓国の国民（と、後からYouTube

で番組をチェックする海外ファン）に自分たちを売りこむために、美しくエネルギッシュな姿を見せるのが狙いだった。〝美しい〟のほうは簡単で、番組ではセーターやジーンズや普段着のスカートを着ていたが、それでもばっちりきまっていた。〝エネルギッシュ〟のほうはやや難しかったが、〝おふざけダンス〟のコーナーで、『Like OOH-AHH』に合わせてふざけたダンスをするというお題を出されると、メンバーたちはセンスとユーモアを発揮。ツウィはダヒョンの鷲ダンスを再現、ジヒョはステージ中を駆け回り、モモはブレイクダンスを披露した。さらに、ダヒョンは髪を振り乱しながら腕を動かし、音楽が止まっても踊り続けた。どのメンバーも健闘したが、勝者に選ばれたのは、力を抜いてしゃがむダンスで爆笑を巻き起こしたジョンヨンだった。ノジェム（面白くない）兄と呼ばれているとは思えない面白さだった。

最後のコーナーでは、特別な才能をアピールした。特技があると口にするのは簡単だが、カメラの前で証明するのは難しい。韓国の太鼓を演奏したジョンヨンは、残念ながら、すぐにボロを出した。さも経験者らしく演奏し始めたものの、司会者が冗談半分にまねすると、誰でも簡単にできることがわかってしまったのだ。ツウィは、ファッションモデルのポージングがうまいといって立ち上がったが、結局、ジヒョとジョンヨンも出ていって、みんなを笑わせることになった。このコーナーの本当の勝者は、司会者の似顔絵を上手に描いたチェヨンと、書道の腕前を披露したサナだった。このときサナが書いたスローガン、「サナなしでは生きられない」は、「サナ」が韓国語の「生きる」という単語に似ていることをもじったもので、“No Sana, No Life”と訳されて海外ファンの間にもすぐに広まった。

こうして、JYPの新ガールズグループのデビューは、「週刊アイドル」で締めくくられた。驚異的とまではいえなかったが、実に申し分のないデビューだった。『Like OOH-AHH』は、発売直後に比べると順位を落としていたが、予想外のヒットに化ける気配が濃厚で、チャートから消えることなく、じわじわと人気が高まっていた。11月には、再び順位が上がりはじめ、厳しい競争にもかかわらず10位まで再上昇。フィリピン、日本、台湾などのアジア各国でもK-POPファンの間でTWICEはにわかに注目を集めていた。11月14日、『Like OOH-AHH』のMVはついにYouTubeでの再生回数1000万回を突破。この快挙を祝って、JYPはTWICEがMVと同じ制服を着て廃校で踊るスペシャル動画「C」を公開した。

50日の間に、TWICEメンバーの笑顔とまねしやすいダンスは、多くのK-POPファンの心を捉えた。『Like OOH-AHH』の耳に残るメロディーとサビは、韓国内外のラジオ、テレビ、店舗で流れた。TWICEはパク・ジニョンから与えられた、目と耳で2度人々を魅了するというミッションを早くも達成しようとしていた。

けれど、彼女たちのストーリーはまだ始まったばかりだった。

ONCE

K-POPファンほど熱狂的なファンは、世界中を見渡しても珍しい。もちろん、欧米でも、ビリーバー（ジャスティン・ビーバーのファン）やダイレクショナー（ワン・ダイレクションのファン）が熱心にファン活動をしてきたが、K-POPファンの規模とは比べ物にならない。新曲のリリースやコンサートを毎回熱心に待ちわびる何千人ものファンのネットワークは、K-POPアーティストの成功に欠かせない存在だ。ファンを大切にし、育てるのも、K-POPカルチャーの一部になっている。

K-POPのファンでいるということは、待つだけでなく、自分から動くということでもある。アイドルを追いかけ、音源を聞き、インタビュー記事を読み、動画を見て、ファンミーティングに参加するのが受け身の活動なら、プロモーションを手伝うという積極的な活動もある。MVをストリーミングして再生回数を上げたり、音楽賞で投票したり、ラジオやテレビ局に一斉にリクエストを送ったりするのも積極的な活動だろう。多くのファンは、アイドルもまた人間であることをわきまえ、尊重してはいるものの、その一方で、グループや特定のメンバーと深いところでつながっているように感じている。アイドル自身も同じ気持ちを抱き、ファンの愛によって生かされていると感じている場合が少なくない。

日々大きくなるTWICEのファンダムは、すでに自分たちでTWICEファンの愛称を作っていた。その名は〝トゥドゥンイ〟。ＴＷＩＣＥ（トゥワイス）の「トゥ」と、名前の後に親しみをこめてつける韓国語の語句「ドゥンイ」を組み合わせた言葉だ。しかし、ファンは公式な呼び名を待ち望んでいた。Ｌｉｔｔｌｅ ＭｉｘのファンはＭｉｘｅｒとややストレートなものの、Ｋ－ＰＯＰのファンクラブ名は、少しひねった名前をつけることが多い。ＢＴＳのファンクラブはＡＲＭＹ、ＢＬＡＣＫＰＩＮＫはＢＬＩＮＫ。さらにクリエイティブな例としては、東方神起のカシオペアやＳＥＶＥＮＴＥＥＮのキャラットなどがある。そしてついに、２０１５年11月４日、ＴＷＩＣＥは公式ファンクラブ名をインスタグラムで発表した。それは、ジヒョがかつてデビュー前のカウントダウンＶ ＬＩＶＥで口にしたアイディア――〝ＯＮＣＥ〟であった。

インスタグラムには、次のようなメッセージが掲載された。「多くのファンが〝ＯＮＣＥ〟を気に入ってくれました。ＯＮＣＥとＴＷＩＣＥ。１度目、そして２度目。いつも一緒という感じがします。ファンの方が１度でも愛してくれたら、私たちは２倍の愛で応えます。人々とつながるのは難しいことだし、愛してもらうのはもっと難しいこと。１度私たちを見た人は、２度目には恋に落ちてもらえるように努力します。ずっと一緒にいてください。愛しています」

当時からＴＷＩＣＥを応援していたファンは、すぐにこの名前を使い始めた。名前は、ファンとして結束し、お互いを知り合い、グループについて語り合うのに役立つ。その主な場となったのが、オンラインのファンカフェだった。ファンカフェは、Ｋ－ＰＯＰカルチャーにおいて重要な役割を持っている。ファンは、ファンカフェで新曲やファンミーティングのニュース、目撃情報を収集し、アーティストについて意見を交わし合う。ときには、グループのメンバー本人が投稿することもある。だが、やりとりのほとんどは韓国語でおこなわれるため、海外ファンにはあまり役に立たない。

人気グループの場合、ファンカフェ会員は20万人以上にもなるが、まだデビューしてまもないTWICEの場合は、2015年末時点で2万5000人ほどだった。それでもグループを応援するには十分。授賞式シーズンが近づいていたこの時期、ONCEはちょうどいいタイミングでまとまることができた。ひとつのファンダムとしてTWICEへの投票を呼びかけ、授賞式に観客として参加するファンには、大きな声援を託した。

一連の授賞式は、K-POPの年間スケジュールのなかでもビッグイベント。事務所やアーティストだけでなく、ファンも一丸となって、何らかの足跡を残そうと意気込む。賞を受賞することは実績を認められることであり、広大なK-POP界におけるアーティストの立ち位置は、チャート順位やCDセールス、アリーナツアーの実績などに応じて与えられる賞で決まるといってもいい。シングル・オブ・ザ・イヤーからベストアーティスト、グローバルアーティストまで、賞の種類は多岐にわたる。ひとつのカテゴリーにつき、上位数名に本賞（ボンサン）が与えられるが、最も権威があるのは大賞（デサン）。これは、カテゴリーで1位のグループまたはアーティストだけが獲得することができる。

TWICEのような新しいグループの場合、受賞を狙える唯一の賞は新人賞だった。一般的に、デビューから1年半から2年経つまでは「新人」とみなされるが、新人同士の競争も、熾烈であることに変わりはない。TWICEはデビューから1か月ほどで授賞式シーズンに突入したため、競争相手には、すでに2つのEPがトップ10入りしたCLCや、チャート入りしたシングルが3つもあるLOVELYZ、1月にデビューして大人気のGFRIENDがいた。とはいえ、たとえ受賞に至らなくても、有名なK-POPアイドルと一緒に授賞式に参加できるだけでも名誉のあることだし、ステージでパフォーマンスをすれば、K-POP界におけるステータスアップにつながる。

11月初め、TWICEはMMA（Melon Music Awards）ではGFRIENDに勝利を譲ったが、驚くべきことに、12月初めに香港で開催されたMAMA（Mnet Asian Music Awards）では、アーティスト・オブ・ザ・イヤー（今年の歌手賞）にノミネートされた。とはいえ現実的には、EXOやBIGBANG、少女時代といったビッグネームがひしめき合う中で勝てる見込みはなかったが、MAMAのウェブサイト上でおこなわれるオンライン投票で決まる新人賞は、十分に狙える可能性があった——そう、ONCEが力を合わせさえすれば。

TWICEは、初めての授賞式を楽しもうとしていた。同じJYP所属のGOT7もパフォーマンスのために参加していたし、パク・ジニョン自身もステージに上がり、メドレーを歌った。パク・ジニョンと女性ダンサーの『Who's your mama?』のパフォーマンスが始まると、TWICEも立ち上がって一緒に踊り、社長のステージを盛り上げようとした。だが、セクシーな振り付けがどんどん露骨になっていくと、何人かのメンバーは恥ずかしさから、途中で顔を手で覆ってしまうことに。

幸い、メンバーはその後ステージに上がる頃には気を取りなおし、女性新人賞を受け取ることができた。TWICEの最初のトロフィーだ。黒のジャケットとスカートという上品な装いだったが、目を引いたのは何人かの髪色が劇的に変わっていることだった。ツウィのロングヘアーは真っ赤に、チェヨンのミディアムヘアーは濃い青に、そしてサナのウェーブがかかった髪は美しいピンクになっていた。

ダヒョンが嬉しそうにトロフィーを受け取り、リーダーのジヒョが受賞スピーチをおこなった。緊張していると言いながら、その話しぶりは、もう何年もそうやってスピーチをしてきたかのよう。観客席で満面の笑みを浮かべているパク・ジニョンに感謝の言葉を捧(ささ)げ、初めて公の場でONCEに語りかけた。TWICEにはまだまだ足りないものがあると謙虚に認めながらも、これからも一生懸命努力して、人間としてもパフォーマーとしても成長すると約束した。

デビューから2か月が経ち、グループとして過ごす最初のクリスマスが近づくと、TWICEはONCEへの特別なプレゼントを発表した。12月21日に、JYPのヒット曲のカバー動画を3本も公開したのだ。ひとつは2PMの『A.D.T.O.Y（一日中君のことを考えているよ）』。出演はモモ、チェヨン、ジョンヨン、サナ、ツウィ。おそろいの白いロングシャツと黒いショートパンツという姿で、光に包まれた夜の庭を舞台に、5つの椅子を使って踊った。ぴったり息のそろったダンスは、キュートななかにも色っぽさを感じさせた。

2本目は、残りの4人であるダヒョン、ジヒョ、ミナ、そしてナヨンが、クリスマスの飾りつけをした部屋で歌う動画。ダヒョンがピアノを弾き、ジヒョはソロ歌手のようにその横に立ち、ミナとナヨンはソファに腰かけて、Ｗｏｎｄｅｒ Ｇｉｒｌｓの２０１１年のヒット曲『Be My Baby』をカバーした。多くのファンがダヒョンのピアノのスキルに驚き、ジヒョの自信に満ちた安定のリードボーカルは期待通り。そこにナヨンの優しい歌声とミナの天使のような繊細な声が合わさり、美しいハーモニーを奏でていた。

最後の動画は、グループ全員によるＧＯＴ７の２０１４年の楽曲『Confession Song』のカバーだった。クリスマス柄のセーターを着て、クリスマスツリーの周りに立ち、風船で遊んだり、パーティーフードを準備したり……。その姿は、いつものかわいくて元気なＴＷＩＣＥ。チェヨンとダヒョンは自作のラップを付け加えて視聴者を感心させたが、ダヒョンが最初に「やめて（ハジマ）」という歌詞を入れたのが、いちばんのハイライトだった。これは、ＧＯＴ７の別の曲『Stop stop it』に出てくる歌詞。実はかつて、そのＭＶにダヒョンは目立つ役で出演していたのだった。ＯＮＣＥはこの小ネタに大喜びした。

Ｋ－ＰＯＰ界において、クリスマスはテレビ特番の季節だ。ＴＷＩＣＥのルックスと、見る人を元気にさせる力は、このシーズンに重宝された。クリスマス当日に放送される「ミュージックバンク」特番用に収録した2つのパフォーマンスのうち、ひとつは『Like OOH-AHH』に新しい振り付けを加えたニューバージョン。もうひとつは、Baby V.O.X.の1998年のヒット曲『Ya Ya Ya』のカバーだった。ピンクと白のふわふわのニットにAラインのスカートというおそろいの衣装をまとったTWICEは、これまででいちばんガーリーだった。甘くかわいらしい曲に、ツウィの歌声がよく合っていたが、このコンセプトを意外に感じたONCEもいた。それまで抱いていたTWICEのイメージとは違っていたからだ。

その年のうちに、TWICEはもうひとつのK-POPの伝統を経験することができた。1997年からの人気クリスマス特番、SBS（ソウル放送）の「SBS歌謡大祭典」に出演したのだ。もともとこの番組は音楽賞だったが（韓国語の番組名〝デジョン〟は〝大戦〟の意味）、2007年からは人気アーティストが集結する音楽祭の形式になっている。2015年も、PSY、少女時代、SHINee、EXO、Apink、AOA、VIXXなどのそうそうたるメンバーに、JYPの大物2PMやGOT7も名を連ねていた。新人も例外ではなく、GFRIEND、Red Velvet、LOVELYZ、MONSTA X、SEVENTEEN、iKONなどと一緒にTWICEも呼ばれていた。

2015年12月27日に、豪華絢爛（けんらん）なコンサートの幕が上がると、出演アーティストの中でも最もデビューが遅いTWICEが最初にパフォーマンスした。番組のために事前に撮影した動画「TWICEとめぐるK-POPの歴史」は傑作だった。1930年代までさかのぼり、ジヒョとツウィが当時風のワンピースと長い手袋でスウィングダンスを踊る。そして、10年ずつ時代を下り、メンバーが2人ずつ当時のファッションで、その時代のダンススタイルを披露した。この動画は楽しく、とてもよくできていて、ダヒョンとミナの70年代ディスコダンス、チェヨンとサナの90年代ヒップホップ、そしてミナとモモの2010年代EDMに合わせたステージダンスは最高だった。

動画が流れた後、TWICEはステージでいつもの『Like OOH-AHH』をパフォーマンスしたが、一部リニューアルした部分もあった。衣装をTWICEのチーム名やロゴを胸に大きくあしらった、赤と黒のタータンチェックのチアリーダー風に変更したのだ。TWICEは歌謡大祭典のために練習を重ね、パワフルでエネルギッシュなリミックスバージョンを準備してきていた。しかし残念ながら、番組構成がその努力を台無しに……。プロデューサーはブリッジとダンスブレイクをカットしてしまったし、カメラワークのせいでせっかくのポンポンを使ったイントロ部分は画面に映らなかった。

JYPの戦略を良く知る人なら、1回のリリースから、事務所ができるだけ多くの成果をあげようとすることを知っているだろう。年が明ける前に、『Like OOH-AHH』のダンス動画が2本公開された。装飾をそぎ落とし、その代わりに息の合ったフォーメーションチェンジで魅せる「ミュージックバンク」バージョン(Rem:ix Ver.1)のダンス動画と、チアリーダー風でエネルギッシュな「歌謡大祭典」バージョン(Rem:ix Ver.2)だ

（今度はイントロもきちんと収められていた）。年末特番でのパフォーマンスのおかげで、再び韓国のチャートでシングルの順位が上昇していたため、ＪＹＰはいくつかの音楽番組でさらにプロモーションをおこなうことにした。成果は如実に現れ、２０１６年の最初の週には『Like OOH-AHH』はメロンチャート（ストリーミング）で、過去最高の9位を獲得。そのおかげで、新しいチャンスもつかんだ。ジヒョとナヨンは「Ｍカウントダウン」のゲスト司会者に選ばれ、同じ番組でＴＷＩＣＥは2曲目に『Candy Boy』も歌わせてもらえることになったのだ。

デビューの成功を測るひとつの物差しは、ＣＭ出演のオファーの数だ。ＴＷＩＣＥはデビュー前から、制服ブランド、スクールックスのＣＭに出演していた（広告が扇情的すぎるという苦情が一部であったが）。それから、シネコンチェーンのＣＧＶ、オンラインアクションゲームの「エルソード」、ＫＢ国民銀行のクレジットカードと続き、さらには「Ｉ ＬＯＶＥ スヌーピー：ＴＨＥ ＰＥＡＮＵＴＳ ＭＯＶＩＥ」の公式アンバサダーにも選ばれた。メンバーはＣＭでチャーリー・ブラウンやスヌーピーと一緒に踊り、クリスマスイブにはプレミア試写会にも招待された。

ＴＷＩＣＥは絶好調だった。夢のような3か月間がすぎていった。シングルはよく売れ、日に日にファンの数は増えていった。悪いことなど起きるはずがないと思えたが、残念ながら、弱肉強食のＫ-ＰＯＰ界では、何でも起こり得る。認識の甘さや若気の至りによる失敗、熱愛報道、ときには犯罪行為など、Ｋ-ＰＯＰアイドルの炎上やスキャンダルは日常茶飯事。

ＴＷＩＣＥのマンネで16歳のツウィは、身をもってそのことを学習しようとしていた。

11月、ＴＷＩＣＥはバラエティ番組「マイ・リトル・テレビジョン」に出演。自己紹介の際に日本人メンバーは日の丸を、ツウィは台湾（中華民国）の旗を持ち、国籍がわかるように挨拶した。そのシーンが流れたのはオンラインの配信だけで、そのときはとくに誰も何も思わなかった。ところが1月になって、中国で活動する台湾人アーティスト黄安が、中国のＳＮＳ微博（ウェイボー）で、ツウィが中華民国旗を掲げたことを批判した。中国政府は台湾を独立国家として認めていないため、ツウィの行為が問題視されたのだ。中国のスマートフォンメーカー、ファーウェイはＴＷＩＣＥを宣伝に起用していたが、ただちに契約を打ち切り、中国の新春特番で予定されていたツウィの出演はキャンセルになってしまった。

意図せず、ツウィは大勢のファンの獲得が見込めた中国でのＴＷＩＣＥの未来に傷をつけてしまった。ＪＹＰはただちにツウィを擁護する声明を発表した。ツウィがまだ若く未熟なこと、政治的意図はなかったことを強調し、中国に謝罪し、アーティストを適切に監督しなかった事務所に責任があるのだと。それから、ある動画がＹｏｕＴｕｂｅで公開された。カメラの前で、ツウィは沈痛な面持ちで、「中国はひとつです。私は中国人であることをいつも誇りに思っています」と述べ、「自分の過ちを深く反省し、申し訳ないと思っています」と締めくくった。ツウィとＴＷＩＣＥにとってはそれで事件の決着はついたはずだった。台湾では、自国出身の若いスターが事務所によって不当に謝罪に追い込まれたとして、ツウィに対する励ましの声が上がっていた。

しかし、ツウィにもTWICEにも不運を嘆く暇はなかった。1月も活動の予定が詰まっていたからだ。人気番組に呼ばれるのはアイドルの証。料理番組「3大料理王」など、歌やダンスとは関係のない番組も例外ではない。「同床異夢、大丈夫大丈夫」に出演したダヒョンとナヨンは、ティーンエイジャーと両親がわかり合えるようにアドバイスした(この回に登場した母親は、息子がTWICEに夢中すぎて野球選手のキャリアを台無しにしようとしているのではないかと心配していた)。

K-POPは、スターがかっこいい姿を見せたり、恥ずかしい姿で笑いをとったりする独自のエンターテインメントをいくつも生み出してきた。2010年に始まった「K-POPアイドルスタースポーツ選手権」は、毎年開催される人気イベントで、アイドルたちは何種目かの競技でメダルを争う。2016年1月、TWICEは50組のK-POPグループに交ざって参加し、グループとして、そしてチームの一員として戦った。TWICEは、BTS、GOT7、BESTieと同じ〝最後まで走る〟チーム。前半はあまり良いところを見せられず、チェヨンは60メートル走でOH MY GIRLのビニに負け、惜しくも銅メダルを逃した。アーチェリーに出場したツウィは、矢が髪にひっかかって的を完全に外してしまった。ただ、このときの動画はネットで拡散され話題になったから、ある意味では勝利だったかもしれない。

TWICEのメンバーが、文字通りの戦士であることを証明したのは、ジョンヨン、モモ、ナヨンがエントリーしたシルム競技だった。シルムとは、韓国の伝統的なレスリング。選手は対戦相手のベルトをつかんで取っ組み合い、地面についたほうが負けだ。おしとやかな女子アイドルには向かないと思うかもしれないが3人は嬉々として参戦。Girl'sDayとApinkを倒し、EXIDとの決勝に進んだ。ジョンヨンとナヨンは負けてしまったが、それまで一勝もしていなかったモモが、EXIDでいちばん強いヘリンに勝利し、銀メダルを獲得した。

TWICEにとって、目の回るような3か月が終わった。デビューし、シングルが連続でチャート入りし、新人賞をとり、スクールックスや台湾の旗で巻き起こった議論を乗り越え、カリスマと音楽的才能を持ち合わせた真のアイドルの地位を確立した。しかし、欧米のPOPチャート同様、K-POPの歴史も、一発屋で終わった歌手たちであふれている。今TWICEに突きつけられているのは、セカンドシングルでも同じように成功し続けられるかという問題だった。

CHEER UP

ツウィやほかのメンバーが、台湾旗事件のせいで落ち込んでいたとしたら、2016年のGDA（ゴールデンディスクアワード）は、元気を取り戻す良いきっかけになっただろう。GDAは1986年から毎年開催されている、韓国の音楽賞の中でも最も大規模で権威があるとみなされている賞だ。30周年の節目となる2016年の授賞式は、2日間にわたって盛大におこなわれることになっていた。TWICEはパフォーマーとして参加するだけでなく、新人賞にもノミネートされていた。ONCEは大きな期待を胸に、ソウルの慶熙（キョンヒ）大学校に足を運んだ。

授賞式の1日目には、TWICEの最大のファンでもあるパク・ジニョンが、TWICEをねぎらった。驚くべきことに、44歳のパク・ジニョン自身も、2015年のシングル『Who's your mama?』で受賞者に選ばれていた。その受賞スピーチでステージに上がる際には、パク・ジニョンはTWICEにも言及した。メンバーがどんなに苦労してきたか。互いに支え合い思いやりを忘れないメンバーをどんなに誇りに思っているか。その言葉は、授賞式に臨むTWICEを勇気づけたに違いない。

GDAの2日目の主役は、大賞（デサン）などを総なめにしたEXOとSHINeeだったが、ONCEにも嬉しい瞬間が待っていた。TWICEの『Like OOH-AHH』のパフォーマンスは、これまでで最高のステージだったと言ってもいいだろう。全身黒の衣装で、スタイリッシュかつセクシーに決めたメンバーは、見事な生歌と息の合ったダンスを披露した。そして会場の大型スクリーンには、髪色をアッシュグレーに変えたサナ、同様にヘアカラーのトーンを落としたジヒョとジョンヨンがアップで映し出された。

TWICEはGDAのために、3つのユニットに分かれて特別なダンスステージを準備していた。ジヒョとミナとモモは、黒のガール・クラッシュで色っぽい衣装。ダヒョン、ナヨン、ツウィは、愛嬌たっぷりのキュートなステージ。そして、チェヨン、ジョンヨン、サナは、レザーとレースをあしらった黒の衣装で、グループ史上最もセクシーなダンスを披露した。最後に9人が集まる頃には、TWICEのメンバー全員が優れたダンサーであることは、誰の目にも明らかになっていた。その夜、TWICEは新人賞を受賞。受賞スピーチではツウィが前に出て、つらいときに支えてくれたファンに感謝するとともに、その場でステージを見守っていた両親にも感謝の言葉を述べた。

ONCEは、いつ次の曲が出るかとそわそわしていた。新曲のリリース時期については、多くのオンラインフォーラムで推測が飛び交っていた。デビュー直後に数か月でカムバックするグループもあれば、1年近く音沙汰がないこともある。今のところ、TWICEは忙しく活動していた。ジョンヨンは、女優の姉スンヨンとともに、リアリティー番組「私たちはきょうだいです」に出演、ナヨンは「ミステリー音楽ショー：覆面歌王」で審査員を務め、ダヒョンは芸能人が軍隊を体験するリアリティー番組「真の男」で厳しい訓練に挑戦した。番組をチェックする合間にも、多くのONCEが『Like OOH-AHH』のMVを繰り返しストリーミングしていた。その努力もあって、公開5か月後の3月20日には再生回数4700万回に迫り、K-POP史上最も再生されたデビューMVとなった。

音楽番組「人気歌謡」では、ダヒョン、ジョンヨン、ジヒョ、ナヨン、ツウィの5人が、ライバルのガールズグループGFRIENDの4人のメンバーと一夜限りのコラボグループを結成。ファンたちがTWICEFRIENDと名づけた9人グループは、女性アイドルみんなのお手本である少女時代に敬意を表して、代表曲『Gee』をパフォーマンスした。1人ひとりが少女時代のメンバーになりきってオリジナルの振り付けをカバーし、カラフルなショートパンツやスキニーにTシャツを合わせるという衣装までも再現。スタイリストは、メンバーが英語を話せないのをいいことに、変な英語のメッセージTシャツを着せたのだろうか。ジョンヨンは"I ♥ COLD BEER（冷えたビールが好き）"、「SIXTEEN」以来かなりやせたジヒョは"CARBS（炭水化物）"。マンネのツウィのTシャツには"Hoes, take off your clothes!（服を脱げ）"と書かれていたことは、ONCEの間で物議をかもした。

3月から4月にかけての1か月、TWICEは「Mカウントダウン」に再登場。往年のヒット曲をカバーする新コーナー「時間を走るチャート」で、ソン・ダムビのヒット曲『Saturday Night』（2009年）や、イ・ヒョリの『U-Go-Girl』（2008年）のスペシャルステージを披露した。全身白の衣装で、色っぽいダンスからスタート。カメラがミラーボールを映した後ステージに戻ったと思うと、メンバーは時間を10年さかのぼり、パステルカラーのショートパンツとスカートに着替え、元気なバブルガム・サウンドに合わせて弾(はじ)けるように踊りだした。この選曲は、TWICEの魅力をさらに引き出した。ONCEは一部のメンバーだけでなく、髪を長く伸ばしたチェヨンや、ジョンヨン、ツウィにもスポットライトが当たったことを喜んだ。

そして、メンバー全員がたっぷり画面に映る機会がやってきた。3月、全8話のリアリティー番組「TWICEの優雅な私生活」が毎週放送されることになった。内容は、TWICEが自分たちで考えたさまざまな課題やゲームにチャレンジするというもの。パク・ジニョンは収録前、メンバーがいい子すぎてつまらない番組になるのではないかと心配していた。しかし、ふたを開けてみると、TWICEは面白くて親しみやすく、いたずらやゲームを積極的にやりたがった。

番組では、TWICEの日常生活も映し出された。いくつもの名場面を見るたびに、視聴者はメンバーとの距離が縮まるのを感じた。あるエピソードでは、練習生時代にこっそり出前をとるために考え出した方法を再現。メンバーたちのずるがしこい一面(とくに、サナが豚足を食べたいときに発揮される)も明らかになった。玄関の監視カメラに映らないよう、靴ひもを何本も結び合わせて長いロープを作り、このロープを使って2階から代金と料理を交換したのだという。ほかにも、みんな料理が下手だということや、ダンスマシーンのモモが実はヨガが下手で、ダヒョンは逆にヨガが得意だということ、宿舎には真夜中のダンスパーティー用のミラーボールと照明があることなども明かされた。

そのほかのエピソードでは、メンバーたちが理想の恋人について語り合ったり、将来のパートナーに向けてビデオメッセージを録画したりした。番組を通していちばん感動的だったのは、キャンプファイヤーを囲んでメンバー同士に宛てた手紙を読み上げた回だったかもしれない。デビュー後、メンバーの間に強い絆が生まれたことが伝わるエピソードだった。しかし、涙を誘う気持ちのこもった手紙が続くなか、ジョンヨンが（ツウィの韓国語のアクセントをまねして）ツウィからの手紙を読んだときには、みんな笑い出さずにはいられなかった。ツウィの手紙には、「良いオンラインショッピングのサイトを教えてくれてありがとう」と書かれていた。

ONCEの間でとくに人気が高かったのは、ドッキリだ。あるエピソードでは、ミナ、ジョンヨン、ナヨンが、寝ているほかのメンバーの顔にメイク用品で落書きをした。ジヒョは頬に「ドビー」と書かれ（ハリー・ポッターに出てくる屋敷しもべ妖精のドビーに似ているから）、ダヒョンは「ワシ」と書かれた。ほかのメンバーたちも、起きると顔中変な模様だらけになっていたが、誰も本気で怒らず、むしろ面白がっていた。落書きされていても、かわいく見えるのをわかっていたからかもしれない。ほかのドッキリでは、エレベーターでキスをするカップル（韓国では珍しい）と乗り合わせたメンバーのリアクションを隠しカメラで撮影した。ジョンヨンは、信じられない、といった様子で顔をそむけ、モモはエレベーターの壁に頭をぶつけ、サナは笑い出さないように必死で、チェヨンは顔を赤くしながらも面白がっているようだった。鋭いダヒョンだけが、だまされずに一瞬でカメラを見つけた。一方ナヨンはというと、バッグの中を探っている最中で、何が起きているか気づきもしなかった。

またあるエピソードでは、韓国の有名な俳優キム・ミンギョを演技コーチに招き、当時大ヒットしていたテレビドラマ「太陽の末裔（まつえい）」のパロディに挑戦した。チェヨン、ダヒョン、ジョンヨン、そしてツウィが軍服を着て、誰もが知っているロマンチックなシーンを再現した映像は、ONCEの間で今でも愛されている。「TWICEの優雅な私生活」を見ていると、ついこの少女たちが才能あるパフォーマーであることを忘れ、一緒に楽しく暮らしている9人の普通の女の子のように思えてきてしまう。ときどき、撮影やリハーサルの舞台裏がビハインド映像で明かされるおかげで、視聴者は彼女たちがアイドルであることを思い出すのだった。

最終話では、TWICE初の来日を取り上げ、日本での開催は2回目となるKCONへの参加に密着した。KCONは、さまざまな分野の韓国カルチャーを広めるイベントだが、最も盛り上がるのは、人気K-POPアーティストによる2日間のステージだ。韓国ではずっと外国人として扱われてきたJトリニティ（海外ONCEが日本人メンバー3人につけた愛称）が、ついに話題の中心になるときがやってきた。3人は楽しげに、ほかのメンバーに日本語の挨拶を教えたり、ステージ上からファンと交流したりした。いちばん嬉しかったのは、両親と再会し、ステージを見てもらったことだったかもしれない。

東京から30キロ離れた千葉で開催されたイベントに集まった何千人ものファンの前で（そ

れまでのどのステージよりも多い観客数だった）、TWICEは『Like OOH-AHH』と『Do it again（もう1回言って）』を披露。韓国のガールズグループはなかなか日本で売れないが、TWICEは大きな話題になり、集まったファンから温かい歓迎を受けた。2PMのステージの最後にTWICEが再び登場すると、声援はさらに大きくなった。TWICEは先輩に加わり、ノリのいいヒット曲『HANDS UP』で会場を盛り上げた。日本のファンがJトリニティに夢中になる一方で、韓国のONCEは、ツウィと2PMのテギョンが一瞬見せた仲の良さそうな様子に盛り上がっていた。

日本に出発する直前、JYPは、TWICEの新しいEPとシングルが4月末にリリースされることを発表していた。新曲の噂（うわさ）は前からあったので、ONCEは驚きこそしなかったが、それでもとても楽しみにしていた。そしてTWICEが韓国に戻るとすぐ、カムバックが始まった。カムバックといっても、TWICEは休んでいたわけではない。『Like OOH-AHH』の2度にわたるプロモーション、授賞式、バラエティ番組、そして音楽番組でのゲストMCのおかげで、グループの存在感はK-POP界から消えることはなかった。それとは関係なく、K-POP用語では、新作の発表はすべて「カムバック」であり、そのたびにアーティストはコンセプトを一新し、新しいスタイルやテーマを表現することになっている。

2016年4月17日、新曲『CHEER UP』のティーザー第1弾が公開された。2枚の写真はどちらも1列に並んだメンバーの集合写真だった。1枚目は電飾やガーランドでパーティー風に飾りつけた家の正面で、普段着のメンバーが夜に集まっているもの。2枚目はスタジアムで、チアリーダーの衣装を着たメンバーたちが写っているもの。ＯＮＣＥは大喜びし、すぐにモモの髪色がブロンドから明るい茶髪に変わったこと、サナが代わりにブロンド担当になったこと、ミナのキャラメル色の髪が短くなっただけでなく、センターに立っていることに気がついた。

翌週、新しいティーザーが毎日公開されていった。次に公開された3つの動画では、3人のメンバーがなぜかショックを受け、おびえた様子を見せている。個人写真では、チアリーダーの衣装やミントグリーンと白のユニフォームを着たメンバーたちが期待感をさらに押し上げる。新しい写真はどれも純粋で女の子らしい雰囲気だったが、サナのウインク、黒髪を三つ編みにして親指を噛むナヨン、そしてカメラを指さすチェヨンなど、誘うような色っぽい仕草も見られた。

6曲構成のＥＰ『PAGE TWO』のショーケースが、再びソウルのＹＥＳ 24ライブホールでおこなわれる頃には、その数時間前に発売されたシングル『CHEER UP』は韓国の各チャートで1位にランクインしていた。それだけではない。この新曲はいわゆる「オールキル」を達成した。これは、韓国のデイリーとリアルタイムのすべてのチャートで1位になったという意味で、セカンドシングルとしては驚くべき快挙だった。その日の朝、ジョンヨンが泣きながらみんなを起こして「1位になったよ！　信じられない！」と叫んでまわったことをチェヨンがショーケースのステージで話すと、ジョンヨンは感動してまた泣いてしまった。

パク・ジニョンは、セカンドシングル『CHEER UP』でも、作曲家ブラック・アイド・ピルスンと作詞家サム・ルイスの最強チームを起用していた。その結果、ヒップホップやそのほかのモダンダンスジャンルを織り交ぜた、新たなカラーポップ・ソングが誕生。ジャンルレスな分、まとまりには欠けるが、一方でTWICEらしいユニークさが演出されていた。メンバーにはそれぞれソロで歌うパートがあり、今回も妙にキャッチーなサビと、2人のラッパーによるすばらしいラップパートを挿入。歌詞は、好きな人になかなか振り向いてもらえない女の子の気持ちについて書かれていて、面白みも十分だった。

シングルと同時に公開されたMVも、同様に注目を集めた。公開後24時間で100万回再生を達成し、5日間で1000万回の大台を突破。前回に引き続きMV制作を依頼されたナイーブ・クリエイティブ・プロダクションは新しいアイディアを取り入れ、頭がビデオカメラになっているちょっと不気味な恋人の視点から、さまざまなレンズを通してメンバーの姿を映し出した。

グループダンスでは、メンバーがチアリーダーになってスタジアムや体育館で踊る。そこに、有名な映画やテレビのキャラクターに扮(ふん)するシーンも挿入された。エレガントな黒いドレスに真珠のアクセサリーを身に着けたツウィは、「ティファニーで朝食を」でオードリー・ヘップバーンが演じた社交界の華ホリー・ゴライトリーそのもの。電話を握りしめるナヨンは、90年代のホラー映画「スクリーム」でネーヴ・キャンベルが演じたヒロイン、シドニー・プレスコット（ドリュー・バリモア演じる最初の犠牲者ケイシー・ベッカーのほうだという人もいる）。銃を構えてアクションするモモは、「トゥームレイダー」のララ・クロフトと、「バイオハザード」のアリスを混ぜたようなキャラクター。チェヨンは真剣にマカロニウェスタン風の西部劇に出てくるカウボーイになりきっている。

韓国の伝統衣装を着て真っ赤な口紅を引いたダヒョンは、16世紀が舞台の歴史ドラマ「ファン・ジニ」の主人公のキーセン、黄真伊（ファンジニ）。このカムバックからブロンドになった髪をお団子にして、キュートなピンクのリップグロスをつけたサナは、ちょっとドジだけど世界を救うセーラームーン。ジョンヨンは、1994年公開の有名な香港映画「恋する惑星」から、チャーミングなフェイを演じ、警官の部屋に侵入して踊るシーンまで再現している。ミナは悲恋を描いて韓国でも大ヒットした1995年の日本映画「Love Letter」の主人公、藤井樹。ジヒョはチアリーダーの衣装のままだったが、実は2000年の映画「チアーズ！」でキルスティン・ダンストが演じたチアリーディング・チームのキャプテン役だ。

動画が公開されてしばらく経つと、不思議な現象が起きた。50秒あたりでサナが歌う「Shy Shy Shy」の歌詞が注目され始めたのだ。サナの笑顔がかわいいというだけでなく、発音が「シャーシャーシャー」に聞こえるのをみんな面白がっていた。最初サナは、英語の発音を笑われていると思って怒ったが、やがて、注目されているのは、歌い方があまりにかわいいからだとわかってきた。ショーケースでもサナがその部分を歌うと、観客の反応は抜群。「シャーシャーシャー」の動画がネット上でバズり、SNSではハッシュタグまでできて拡散されていった。

JYPの対応は早かった。ショーケースで披露したオリジナルの振り付けを変更して、「シャーシャーシャー」の歌詞に合わせ、握りこぶしを顔の横で動かす照れ隠しのような仕草を追加した。4月28日の音楽番組「Mカウントダウン」で初めてこの曲をパフォーマンスしたときには、この振り付けを取り入れた新バージョンになっていた。おそろいの白い短めのTシャツと、白いショートパンツ、青いスタジャンという、いかにも健全な衣装。アイドルらしいぶりっこなコンセプトに振り切るには、まだまだフレッシュで元気すぎるとでもいうようだ。メンバーは心からパフォーマンスを楽しんでいるようで、新しい「シャーシャーシャー」ダンスは見事に溶け込み、そのパートを踊るサナも嬉しそうだった。

新曲の振り付けには、簡単に覚えられるポイントダンスや、かわいいジェスチャーがちりばめられていた。かわいすぎると言ってもいいかもしれない。メンバーでさえ、ナヨンが水やりをしてほかのメンバーが花を咲かせるオープニングを初めて見たときは、照れてしまったと打ち明けている。その後はかなりマシになり、『CHEER UP』のサビの初めの振り付けでは、両手をパンチするように振り上げ、例の「シャーシャーシャー」のパートになる。しかし、かわいいのは振り付けだけではない。メンバーの表情も、パフォーマンスの重要な一部だった。

K-POP界で動画や画像が爆発的に流行するのは、「シャーシャーシャー」が初めてではない。Wonder Girlsもデビューして間もない頃、シングル『Tell Me』でソヒが「オモナ（あらま！）」とかわいらしくつぶやくシーンが韓国、そして世界でファンの心をつかみ、ブレイクのきっかけになった。偶然にも、JYPエンターテインメントは再び勝利の方程式を手に入れ、サナの動画はTWICEをスターダムに押し上げた。K-POPや韓流ドラマのビッグネーム、たとえば、G-DRAGONやBTSのジョングクまでもがこのお祭り騒ぎに参加し、「シャーシャーシャー」をまねする写真や動画が出回った。テレビ番組で、公園で、いつも誰かがこのダンスを踊っていた。韓国軍の兵舎ですら例外ではなく、TWICEの人気は韓国中に広まっていた。

サナの動画が急に有名になると、『CHEER UP』自体の人気にも火がついた。最も権威のあるガオンチャートで1位に輝き、週間デジタルチャートすべてを制覇して「パーフェクトオールキル」を達成。これは、毎年ごく一部のアーティストしか実現できない快挙だ。プロモーションは始まったばかりだったが、TWICEのセカンドシングルは、これ以上望めないほど幸先(さいさき)の良いスタートを切ることができた。

勝利の方程式

韓国で毎週放送される音楽番組に定期的に出演することは、人気を確かなものにしたいK-POP新人グループには欠かせない。ビジュアルと振り付けが音楽そのものと同じくらい重視される世界では、音楽番組はアーティスト自身とその才能をアピールできる絶好の機会になっている。TWICEなど、まだ単独コンサートを開催できないグループにとっては、ライブでパフォーマンスする貴重な場でもある。番組に呼ばれるためには、熾烈な競争に勝ち抜かなくてはならないが、魅力的な振り付け、ヒットしそうな楽曲、大手事務所のバックアップの3つがあれば、難しいことではない。幸いなことに、TWICEはこの3条件をすべて満たしていた。

音楽番組に出演し、さらに1位を獲得することができれば最高だ。どの番組も、その週のランキングや対決のコーナーがあり、視聴者の投票、ストリーミング、CDセールス、SNSの話題度、MVの再生回数など、さまざまな方法で勝者を決めている。どんなシステムであれ、1位をとるというのは新人グループにとっては簡単ではないが、ファンを獲得し、努力を認められた証明になる。当時の少女時代のように、すでに100回も勝利していたり、せめてJYPのWonder Girlsのように30回も勝利していたりすれば、感動は薄れていくのかもしれない。だが、どんなグループにとっても、初めての勝利は特別な瞬間だ。

「Mカウントダウン」のカムバックステージで『CHEER UP』を披露した次の週、TWICEは連日、「ミュージックバンク」「ショー! K-POPの中心」「人気歌謡」「Simply K-POP」、そしてMTVの「ザ・ショー」に出演していた。「人気歌謡」では、TWICEのために教室のセットが準備され、事前に収録された各メンバーのアップの映像も放映された。新曲をヒットさせるためにどんなに努力しても、番組のシステム上、プロモーション第1週目にいきなり勝利するのはほぼ不可能だった。しかし、1日おいてTWICEは「Mカウントダウン」に再登場した。

その日は、2016年5月5日、「SIXTEEN」第1話が放送されてからちょうど1年だった。ONCE(そのうちかなりの人数を男性ファンが占めていた)が観覧に集結して大きな声援を送り、パフォーマンスが始まると、歌詞に合わせてかけ声を叫んだ。その声はとても大きく、「シャーシャーシャー」にさしかかる頃には建物が揺れるのではないかと思うほどだった。TWICEはピンクと白のユニフォーム風の衣装で、全員どこかに自分の名前が入っていた。胸に大きく書かれたツウィの名前がいちばん目立っていたのは、彼女の注目度に事務所が気づいていたからかもしれない。

「Mカウントダウン」の複雑な点数集計システムは、1万1000点を満点にしていたが、この日TWICEは1万264点を獲得。この点数は、その時点での年間(2016年)最高得点で、新人グループとしては驚くべき数字だった。よほど人気のあるアーティストでないと、1万点にはなかなか届かない。TWICEは次点につけた対戦相手チョン・

ウンジの『Hopefully sky』を余裕で破り、初めての勝利を手にした。この勝利をＴＷＩＣＥがどう受け止めたのか。それは番組のエンディングによく表れていた。ジヒョはスピーチの途中で泣き出し、勝利した『CHEER UP』が流れても、メンバーはそれぞれ感動したり、お互いを慰め合ったりと忙しく、パフォーマンスどころではない。ＯＮＣＥも大喜びだった。さらに番組には、かつて「ＳＩＸＴＥＥＮ」に参加していたソミも、ガールズグループＩ．Ｏ．Ｉとして出演していた。ともに練習生として過ごしたソミとメンバーが抱き合う姿に、ファンは感激した。

こうして幸先の良いスタートを切ったＴＷＩＣＥ。その後には、長いハードスケジュールが待っていた。ＥＰ『PAGE TWO』のプロモーションや音楽番組への出演に加えて、ラジオ番組、メディアの取材、サイン会が続く。音楽番組で『PAGE TWO』の収録曲も歌わせてもらえるときには、ダイナミックな『Touchdown』が選ばれた。カウントダウンの歌詞がキャッチーで、１９６０年代を感じさせるエネルギッシュなダンス・ミュージック。激しい振り付けの考案には、ダヒョンも参加していた。

『PAGE TWO』で、ＴＷＩＣＥは元気いっぱいの明るいグループというイメージを打ち立てた。『Tuk Tok』（Ready to Talk とも）は、アップテンポのファンキーなヒップホップ・ソングで、ドキドキさせる歌詞も魅力だった。『Woohoo』も陽気で楽しいナンバーで、ツウィとサナは、ここでもかわいい英語の発音で魅了した。最後に収録された『My Headphones on』は、さまざまな点でリスナーを驚かせた。ほかの曲よりもゆっくりとしたテンポで、シンセサウンドに繰り返しの歌詞を乗せ、自立する決意と少しの不安を歌っている。このメッセージ性の強い曲は、ジョンヨンの力強い歌声と、ジヒョの正確な英語の発音が光っていた。

残る1曲は、なじみのあるファンも多かった。『Precious Love』は、1998年にパク・ジニョンがパク・チユンのために制作した同名の楽曲をアレンジしたもの。オリジナル同様アップテンポだが、シンセサウンドを入れることでよりモダンなダンス・ミュージックになっていた。TWICE式の歌割りも新鮮で、チェヨンとジヒョが書いたラップパートも追加。フロウ（歌い回し）や甘いメロディーを気に入って、〝EPでいちばん好きな曲〟にあげるファンも多かった。

ダウンロードではなく、『PAGE TWO』のフィジカルCDを買った人にはおまけにボーナストラックとして、「SIXTEEN」のテーマ曲『I'm gonna be a star』のTWICEバージョンが収録されていた。ONCEのためのプレゼントとして準備されたのかもしれないが、あまり反応はよくなかった。15秒のCMで流すには良い曲で、なつかしさもあったが、TWICEのほかの曲ほどは評価されなかったのだ。確かに、エネルギッシュでアンセム的だが、それだけだった。とくに、『I'm gonna be a star』の歌詞をえんえんと繰り返すだけのナヨンには同情が集まった。

『PAGE TWO』は発売前から3万枚の予約が入り、ヒットすることは間違いなかった。ガオンチャートでは初登場2位、世界7か国のiTunesチャートでは1位を獲得。さらに、ビルボードのワールドアルバムチャートでは最高6位を記録した。5月中旬には、JYPはアルバムセールスが10万枚に達したと発表。新人ガールズグループにとってはめざましい快挙だった。この数字を出すことができるのはボーイズグループだけというのが通例で、前年に10万枚の大台に乗ることができたガールズグループは、少女時代だけだったからだ。

一方、シングル『CHEER UP』は、5月にかけて韓国のデジタルチャートを席巻。『Like OOH-AHH』までもが復活してトップ20に入った。ラジオで繰り返しかけられ、街中ではいつも誰かが『CHEER UP』を歌っている。ダンス教室では振り付けのカバーが流行した。TWICEのプロモーションは続き、毎週3回か4回は音楽番組に出演していた。

初めて音楽番組で勝利した翌日、TWICEは「ミュージックバンク」に出演し、ここでも勝利した。それどころか、5月の間ずっと（そしてプロモーションを終えた6月も）TWICEは勝ち続けた。「ミュージックバンク」では5週連勝、「人気歌謡」では3週、そして「Mカウントダウン」でもさらに3週。衣装は、基本的にはスポーティなコンセプトを継続し、さまざまな色のジャケット、ショート丈のトップス、プリーツの入ったミニスカートなどを着用した。衣装にはプロのスポーツチームのように、グループ名やロゴ、ときにはメンバー名が入っていた。プロモーション最後のステージとなった5月29日放送の「人気歌謡」には、ONCEへの感謝の気持ちを込めて、ファンがデザインした衣装で登場。メンバーごとにディテールが異なるピンクとミントグリーンのTシャツに、白いショートパンツとスニーカーが似合っていた。

ＴＷＩＣＥの活躍はテレビだけにとどまらない。ＯＮＣＥを楽しませ、新しいファンを獲得するために、ＴＷＩＣＥは努力を惜しまなかった。定期的に宿舎からＶ ＬＩＶＥを配信してファンに語りかけ、毎週2回～3回サイン会を開いた。機会があれば、ライブパフォーマンスも積極的におこなった。ちょうど、韓国の5月は大学の学園祭シーズン。学園祭は大学が学生の活動を発表するために開催するものだが、人気アーティストが出場する無料の公演もメインイベントのひとつで、学生も来場者も楽しみにしている。

ＴＷＩＣＥのような新人グループにとって、学園祭は大勢の若者の前でパフォーマンスするまたとないチャンスだった。5月、ＴＷＩＣＥは9校の学園祭に出演。ナンバーワンヒットをひっさげたＴＷＩＣＥは大人気で、どこに行っても熱烈な歓迎を受けた。韓国で最も大規模で権威のある大学のひとつ、ソウルの延世（ヨンセ）大学校でのパフォーマンスは、動画がネット上で大きな話題になり、その後も長くＯＮＣＥの間で語り継がれることになった。大学カラーに合わせたロイヤルブルーの衣装を選び、その場にいた学生たちのＴシャツとおそろいに見えるようにしたのは、ＴＷＩＣＥ側の作戦だったのかもしれない。しかし、観客の反応は、予想をはるかに超えていた。『CHEER UP』のパフォーマンスが始まると、女子学生も、男子学生も、大人も子どもも、全員がかけ声に加わり、大声で歌い始めたのだ。ＴＷＩＣＥが、自分たちが特別なグループになるかもしれないと自覚した瞬間があるとすれば、まさにこのときだっただろう。

その月の終わりには、『CHEER UP』のＭＶは３５００万回再生を達成し、ＴＷＩＣＥは特典としてもうひとつの動画「TWICE AVENGERS」を公開した。アベンジャーズといってもマーベルの映画とはなんの関係もない。メンバーはUFOが浮かぶ荒涼とした惑星で、MVと同じコスプレをして『CHEER UP』を歌って踊っている。ダヒョンも例外ではなく、裾の長い伝統衣装にハイヒールで踊っているのだ。このちょっと不思議な動画を、ファンは大いに楽しんだ。

仕事の幅が広がるなか、テレビ番組での露出も増えていった。とくにONCEが待ち望んでいたのは、「知ってるお兄さん」への出演だった。これはケーブルテレビの番組でありながら、韓国で最も影響力の大きい番組のひとつ。トークコーナーと、ゲストをおちょくるミニゲームという構成だが、芸人や元スポーツ選手、そしてK-POPアイドルといった経歴を持つMCたちが醸し出す気さくな雰囲気と、ゲストの化学反応が人気の理由だった。

「知ってるお兄さん」のコンセプトは「学校」。MCはその学校の生徒、ゲストは転校生という設定で進行する。番組に出演したTWICEは、「JYP高校からの転校生です」と自己紹介し、「JYPが見てるぞ」という新しい学級スローガンを持ってきて壁にかけた。不良少女の設定でMCに口答えしたが、忠実に演じることができているのはジヒョだけで、ほかのメンバー、とくにダヒョンとツウィは緊張と恥ずかしさから素が出てしまっていた。しかし、ジョンヨンとナヨンは、MCのソ・ジャンフンに一杯食わせることに成功した。ジャンフンに名前をからかわれ、涙が止まらなくなったジョンヨンは、気持ちを落ち着かせるためと言って一度スタジオを去った——そして戻ってくるとドッキリだったことをバラし、周りを驚かせたのだった。

ＭＣでいちばん若く、しかもほかのＭＣと年が離れているのが、ボーイズグループＳＵＰＥＲ ＪＵＮＩＯＲのヒチョルだ。ヒチョルは、ほかのグループ、とくにガールズグループのダンスをまねするのがうまいことで有名だった。ＴＷＩＣＥが『CHEER UP』を踊る段になると、ヒチョルは10人目のメンバーとして加わり、モモの「チョルジマ」（急かさないで、という意味で、すぐに声をかけるからｂａｂｙ、の歌詞に続く）ダンスを完璧に踊った。ヒチョルが踊る映像、同じ振り付けを踊るヒチョルとモモの映像、そしてＭＶで銃を突きつけながら同じパートを歌うモモの映像が、たちまちＳＮＳにあふれかえった。モモとヒチョルがお互いに好意を持っているのではないかと考えたファンも多かったが、当時はまだ、ネット上のＫ-ＰＯＰファンの間でよくあるゴシップのひとつにすぎなかった。

6月、オリジナルの『CHEER UP』ＭＶがＫ-ＰＯＰアイドルグループのＭＶ史上最速で５０００万回再生を突破するという、新記録を打ち立てた。これは、ＴＷＩＣＥの人気が韓国国内に留まらず、世界に広がっているという何よりの証明。8月初旬に開催されるＫＣＯＮ２０１６のラインナップに選ばれると、ＴＷＩＣＥの世界的人気はさらに確実になった。ＫＣＯＮは、２０１２年にカリフォルニア州で始まった、韓国カルチャーを広めるためのイベント。それから毎年規模が拡大し、２０１６年には3日間にわたって開催され、夜にはロサンゼルスの大規模会場ステイプルズ・センターでコンサートが開かれた。選りすぐりのＫ-ＰＯＰアーティストが出演するコンサートはＫＣＯＮの目玉で、ＴＷＩＣＥの出番は最終日だった。共演者には新人グループのMONSTA XとASTRO、韓国系アメリカ人歌手のエリック・ナム、2人組ユニットのダビチ、少女時代から派生したサブユニットTTS、そしてヘッドライナーとしてBTSが名を連ねていた。

TWICEとしてアメリカに行くのは初めてのことだった。短い滞在期間にあれこれと予定を詰めこんだのか、インスタグラムには、メンバーがサンタモニカ埠頭やハリウッドを楽しげに観光し、コンビニでレイズのポテトチップスやヨーグルトプレッツェル、サワーパッチキッズのグミといったお菓子を買い漁る姿が投稿された。芸能人だと知られずに街をぶらぶらする解放感を味わったTWICEだったが、KCONのレッドカーペットを歩いたときには大勢のK-POPファンが歓声をあげた。会場内でも、TWICEのグッズやミートアンドグリートのコーナーは大盛況だった。

その夜、6000人の観客に交ざって応援に駆けつけたファンに、TWICEはすばらしいステージで応えた。ロサンゼルスのバスケットボールチーム、LAレイカーズのTシャツは地元民の心をつかみ、ダンスと歌が生みだすハッピーな空気は観客にも伝染して、会場は熱気に包まれた。そして歌い終わる頃には、多くのTWICEファンが生まれていた。コンサート後半、TWICEは、ラペル（下襟）だけが黒い白のスーツで再登場（その後、BTSも似たような衣装で登場した）。MONSTA Xの『Moves Like Jagger』も盛り上がったが、TWICEが『Uptown Funk』を披露すると、楽しいステージに合わせて会場全体が一緒に踊りだした。

トリのBTSがパフォーマンスを終えると、すべてのグループがステージに上がり、フィナーレを迎える。ファンは、TWICEがBTSのジョングクやMONSTA Xのヒョンウォンと交流している姿を見つけようと、映像を細かくチェックした。しかし実際には、紙吹雪を投げつけ合ったり、仲良くダンスバトルをしたり（ツウィには誰かがヨーダのぬいぐるみを投げた）、TWICEは純粋にこの瞬間を楽しんでいた。アメリカを発つ直前には、「LA!!! Yeah!!! See U Soon!!!（ロサンゼルス!! イェーイ!! またね!!）」とテンション高めなツイートをするほど、良い思い出になったようだ。

TWICEは、ソウルのJYPのもとへと戻った。パク・ジニョンは、会社を家族のように感じてもらうことを常に心がけている。練習生にもアイドルにも、JYP所属のアーティストであることを誇りにして、お互いに助け合って欲しいと考えているのだ。JYP Nationコンサートは、そんな彼の思いの表れ。2年に1度、パク・ジニョン自身も含めたJYPのすべてのアーティストが同じ会場に集まり、ファミリーコンサートをおこなう。この公演で先輩グループと共演することを、きっとTWICEメンバーも練習生時代に夢見ていただろう。その夢が、ついに叶うときがきたのだ。2016年のJYP Nationコンサートは、「Mix and Match」をテーマに、1万人以上を収容するソウル蚕室（チャムシル）室内体育館で開催された（その後、東京でも3公演を開催）。このコンサートのために、才能あふれる所属アーティストの中から、パク・ジニョンは新しいグループを作ったり、既存グループのメンバーを入れ替えたりして、歴代のJYPの曲からセットリストを組み立てる。チェヨンとダヒョンは、Wonder Girlsのヘリムとユビンに加わり、女性ラッパーのドリームチームを結成した。TWICEはGOT7と一緒にGOT7の『Just right』を歌い、GOT7のジュニア（パク・ジニョン）とマーク、そして2PMのニックンは、ナヨン、チェヨン、ツウィの『Like OOH-AHH』に男声ボーカルを添えた。コラボレーションの中でも最も評判が良かったのは、おそらく、ツウィとジョンヨンが2PMのテギョン、ニックンとコラボした、アップビートな『Summer Together』だろう。

メンバーはこれ以上ないほどステージを楽しんでいるようだったが、それだけでは終わらなかった。VLIVEで、JYPNationのテーマ曲『Encore』を歌うスターをじゃんけんで決めるという企画がおこなわれた。その結果、TWICEからはジョンヨン、ミナ、モモ、ナヨンが参加し、WonderGirlsのユビン、イェウン、ヘリム、missAのミン、2PMのニックンとジュノ、GOT7のマーク、ユギョム、ジャクソンと一緒に歌うことになった。『Encore』はアンセム的ではあるが、ごちゃごちゃした印象の楽曲。1人ひとりのパートはとても短かったが、TWICEメンバーは先輩たちにもひけをとらない歌声を披露できた。

1年もしないうちに、TWICEはJYPの所属アーティストの中でも一目置かれる存在となっていた。『CHEER UP』は2016年のK-POPのヒット曲のなかでもとくに目立っていたし、2016年の好感度調査では、韓国の13歳から59歳を対象にした人気アーティストランキングで2位に選ばれた（「国民のガールズグループ」として知られていた少女時代よりも順位が高かった）。13歳から29歳のアンケートでは、最も人気のあるアイドルトップ20にTWICEから3人がランクイン。ジョンヨンが16位、ナヨンが11位、そしてツウィが3位だった。

これらの快挙と同じくらいすばらしいのは、TWICEとONCEとの間に強い絆が生まれたこと。一部の事務所は、アーティストに謎めいたオーラをまとわせる戦略をとっている。YGのBLACKPINKがひとつの良い例だ。しかし、JYPはすべてをさらけ出すことを選んだ。TWICEは何度もサイン会を開き、テレビにも頻繁に出演。「神の声」「覆面歌王」などのタレント・ショーから、「コメディビッグリーグ」「ビタミン」などのバラエティ番組まで、ゲストやMCとして幅広く活躍した。VLIVEも大いに活用し、TWICE主演のリアリティー番組「TWICE TV」はすでに3シーズンも配信。インタビュー形式のコーナー「Beautiful TWICE」では、メンバー1人ひとりにスポットライトが当たった。しかし、それ以上にONCEを喜ばせたのは、予告なしに突然始まるライブチャット。とくに宿舎で「非公式」におこなわれるものが人気だった。一瞬でもファンを退屈させない、それがTWICEの魅力だった。

ONE IN A MILLION

K-POPファンは、わずかなカムバックの兆候も逃さないよう、常にアンテナを立てている。意味深なツイートが投稿されたり、メンバーが突然フードをかぶりだしたりすると、「新しい髪型やヘアカラーを隠すためだ」などと、噂が飛び交い始める。だから、JYPがペンライトの発売を9月23日に発表すると、はっきり関係があると言われていなくても、誰もがカムバックを予想した。

魔法の杖（つえ）に懐中電灯をくっつけたようなペンライトは、K-POPファンのマストアイテム。グループごとに、オリジナルのデザインと公式カラーのペンライトが発売される。コンサートでペンライトを振ることは、パフォーマンスを邪魔することなく応援の気持ちを伝える手っ取り早い方法だ。アプリと連携して、光の海のような光景や次々と切り替わる点灯パターンを作り出すこともできる。

TWICEの公式ペンライトはCANDY BONG（キャンディボン）と名づけられた。「ボン」とは「棒」を意味する韓国語で、最初のEPに収録された『Candy Boy』にちなんだネーミングでもあった。大きなロリポップ（ペロペロキャンディ）の形をしていて、アプリコットとネオンマゼンタ（淡いオレンジ色と紫がかったピンク）が使われていた。そしてこの

2色がTWICEの公式グループカラーになることも合わせて発表された。アプリコットはTWICEのフレッシュさを、ネオンマゼンタは明るいエネルギーを表しているという。

秋が近づくと、いよいよONCEはカムバックを待ちきれなくなった。9月になり、1980年代風の衣装を着たTWICEが「みんなノリしてる」を歌うKB国民銀行のCMが放映されると、ファンたちは見逃すまいと必死になった。またこの頃、チェヨンとツウィがPPAP（ペンパイナッポーアッポーペン）のブームに乗って公開した動画は、YouTubeで何万回も再生された。

しかし、ほかのグループのファンとは違い、ONCEはそう長いこと待たされずにすんだ。10月10日、JYPはピンクのジェットコースターの画像とともにカムバックの日程――EP『TWICEcoaster：LANE 1』の発売日を発表したのだ。画像には、『TT』と書かれたアプリコットとマゼンタの丸がデザインされている。海外ファンたちはこれを見て首を傾けたが、多くの韓国人には『TT』が泣き顔の絵文字を意味することがわかっていた。

翌日にイントロビデオが公開されると、海外ファンもすぐにその意味を理解した。動画には、『CHEER UP』の衣装を着たメンバーたちが登場する。パフォーマンスを終えたばかりでまだハイテンションだが、メンバーのスマホが鳴り、悪い知らせを目にすると空気が一変。画面が9分割になり、悲しい顔で泣くポーズのメンバーが1人ずつ映し出される。親指を水平にし、人差し指を下に向けて直角にするTTポーズだ。

メンバーの髪色の変化は、たとえかすかなものであっても、すぐにONCEの話題の的になる。チェヨンは髪を伸ばし、ナヨンは肩までの長さに切っていた。ジョンヨンは相変わらずショートヘアだったが、金髪になっていた。しかし、最も注目を集めたのはダヒョン。「SIXTEEN」から続けていた毛先だけのカラーリングをやめ、全体を鮮やかなパンプキンオレンジに染めたその姿は、ひときわ輝いていた。

海外ONCEが「Twicetober」(TWICEの10月)と名づけた1か月が始まろうとしていた。追って公開されたティーザーフォトは、これまでよりも大人っぽいイメージだった。グループ写真は、野原をバックにしたかわいらしい雰囲気で、メンバーは仲良くハグをしたり、手をつないだりしている。一緒に風船ガムを大きく膨らませている写真もあった。個人フォトではこのイメージをさらに強調し、ラベンダーと白のシンプルなセパレートタイプの衣装を着たメンバーが、すまし顔でポーズをとっている。全体的に控えめなトーンだったが、それでも、ツインのお団子にしたモモと、黒髪にピンクのメッシュを入れたサナの新しいヘアスタイルは、ファンを熱狂させた。メンバーごとに、60秒の『TT』個人映像も公開された。おしゃれだが、普段着に近い衣装(ジョンヨンだけはチョーカーをつけていた)のメンバーがちょっとした失敗をして、チャーミングにがっかりしてみせる。セーターに穴を開けてしまうミナ、絵を台無しにしてしまうチェヨンetc…。そして最後にはみんな、TTポーズをするというストーリーだ。

カムバックの最中の2016年10月20日は、ちょうどTWICEのデビュー1周年記念日。メンバーはこの日を祝って、「ＴＷＩＣＥ ＴＶ」の撮影で済州島に行ったときにおそろいで作った指輪の写真をアップし、記念のＶ ＬＩＶＥチャットをおこなった。そこでは、この1年の夢のような思い出を振り返ったが、つらかったことにも触れた。とくに、過密スケジュールによる睡眠不足にはみんな苦労していたようだった。1か月前から約束していた誕生日プレゼントとして、ツウィがナヨンにキスする決定的瞬間もあった。しかし、なんと言ってもこの1周年記念パーティーのハイライトは、新曲『ONE IN A MILLION』の発表だった。ＴＷＩＣＥの挨拶と同じフレーズをタイトルにしたこの曲は、まさしくＯＮＣＥへのプレゼント。曲が流れると、メンバーたちも一緒に歌い、かけ声まで披露した。ただ1人、サナだけは感動の涙を流していた。

『ONE IN A MILLION』は、聞く人を力づけるゆったりとしたテンポの美しいバラードで、メンバー全員がボーカルとして参加している。感動的な歌詞は、ファンソングにぴったりだ。ＯＮＣＥ1人ひとりが完璧で美しい存在なのだと語りかけるだけでなく、ＯＮＣＥがＴＷＩＣＥに力をくれるように、ＴＷＩＣＥもＯＮＣＥがつらいときは力になると約束している。将来、ＴＷＩＣＥが単独コンサートをおこなうようになったとき、最も生で聞きたい曲のひとつになることは間違いなかった。

その4日後、ソウルの中心にあるブルースクエアで、『TWICEcoaster : LANE 1』のショーケースがおこなわれた。ラベンダーの衣装を着たＴＷＩＣＥは、既発曲をいくつかと、新しいＥＰから3曲を披露。初めて全貌が明らかになったシングル『ＴＴ』は、またもやブラック・アイド・ピルスンによる、ちょっと不思議だけど癖になるナンバーだった。ハウス調の規則正しいビートをベースに、楽しいエレクトロポップのフェイクが、ボーカルをむしろ引き立たせている。これまでのシングルはサビに圧倒的な存在感があったが、『TT』はサビ以外にも、キャッチーな繰り返しフレーズがまんべんなく登場する。たとえば、オープニングでナヨンが歌う「ベイベベベイベ」、サナの「ナナナ……」、そして、サビの「I'm like TT, Just like TT」だ。聴きやすいテンポ、シンプルなメロディー、そしてクリアなボーカルが、細かく切り替わるパートと巧みに合わさって、つい一緒に口ずさみたくなるナンバーに仕上がっている。

さらに、歌詞のユニークさが、楽曲を単なるバブルガム・ポップ以上の作品に仕上げていた。10代や20代の若い女の子の報われない恋の悩みを歌った内容は、翻訳を読んだだけでも十分に共感できる（落ちこんでいてもお腹は空くとか、横になっているうちに時間が過ぎ去るとか、しつこく聞いてくる母親がうっとうしいとか）。

『TT』は、ハロウィーンの1週間前にリリースされた。これまでのMVで披露したコスプレが高評価だったことを思えば、新曲で再びメンバーがさまざまなキャラクターになりきっているのも、それほど意外ではない。MVでは、2人の子どもがお化け屋敷を訪ねるが、そこで待っていたのは怖いトリック（いたずら）ではなく、最高のトリート（ごほうび）だった。豪華な部屋や不気味な廊下を進んでいくと、TWICEのメンバーが次々に現れる。衣装のコンセプトはバラエティに富んでおり、ジヒョは「アナと雪の女王」のエルサ、ミナは海賊ジャック・スパロウ、ツウィはアダムス・ファミリーの魔女モーティシアに扮し、大人の色気を漂わせていた。モモのティンカー・ベルと、チェヨンの「リトル・マーメイド」の人魚姫アリエルはかわいらしい雰囲気。ナヨンの小悪魔やジョンヨンが演じたピノキオの再現率も見事だった。そしてダヒョンは、映画「ペット」に出てくるウサギのスノーボールの着ぐるみを着て、茶目っ気たっぷりな表情で笑いを誘った。残る1人、サナは屋根の上にのぼり、いつもの「キューティーセクシー」なイメージで、「キック・アス」に登場する革ジャン姿のヒット・ガールになりきっている。手の込んだ衣装とメイクをアップで魅せる個人カットの合間には、全員で踊るシーンも差し込まれた。グループダンスではパステルブルーと白のミニワンピースや、スカートとトップスの組み合わせを着用。ティーザーフォトで予告していた通り、制服やピチピチの衣装は卒業して、以前よりゆったりした服装になっていた。

TWICEが『TT』のプロモーションで最初に登場したのは、音楽番組ではなく「週刊アイドル」。名物MCのドニコニことチョン・ヒョンドンとは初対面で、ドニコニはメンバーを順番にいやみのないジョークでからかった。そしてこの番組で、ようやく振り付けの全貌が明らかになる。誘うように腰をひねる動き、「ベイベベベイベ」で両手の拳を振る愛嬌ダンス、ぴょんぴょん跳ねるステップ、おやすみのポーズ、「Love you so much」の大きな投げキス、そしてもちろん、あの『TT』ジェスチャーも。笑いもちりばめられており、とくにファンが気にいったのは、ジヒョがナヨンを正しい立ち位置に押しだすところだった。まるで、ランダムに切り替わる曲に合わせて踊る「週刊アイドル」の人気コーナー「ランダムダンス」チャレンジのひとコマのようだ。

ボーイズグループのダンスは激しくて難しいものが多いが、TWICEのようなガールズグループは、自宅やダンス教室でまねできるような、ポイントダンスを何度も繰り返す振り付けを採用する。もちろん簡単ではないが、練習すれば、『TT』を踊ることができるようになるのも狙いだった。ただし、TWICEのスキルが本当に表れるのは、9人のメンバーの間で交わされるインタラクション。たとえば、『TT』ダンスの大きな魅力は、サブグループをうまく使い、「センター」を頻繁に変えるフォーメーションだ。曲のどこかで、9人全員がそれぞれダンスの主役になる場面がある。チェヨンが合計10秒、ダヒョンがいちばん長く50秒という差はあってもだ。

音楽番組でのプロモーションは、10月27日の「Mカウントダウン」からスタート。韓国の人気観光地済州島で開かれていたコンサートに合流する頃にはリリースから4日経ち、『TT』はすでに大ヒットしていた。たった1時間でオールキルを達成し、5日間、韓国のすべてのリアルタイムチャートで連続1位を維持した。MVのほうも、24時間で500万回再生を突破。40時間後には1000万回の大台に到達し、K-POPの記録を更新した。さらには公開から5日弱で、2000万回再生とこれまでの記録を更新してしまった。

10月末から11月にかけて、TWICEは再び完全なプロモーション期間に入り、音楽番組に連日出演した。だいたいは、控えめながらスタイリッシュなワントーン（ラベンダー、赤、黒）と白の秋らしい衣装で登場。ミニワンピースやセーターなどが多かったが、ＯＮＣＥの間で人気が高かったのは、ナヨンが着用した韓国のデザイナーズブランド「ラッキーシュエット」のデニムのオフショルダーワンピースだった。パフォーマンスを重ねるたびにメンバーは少しずつ自然体に近づいていき、観客を楽しませた。ジヒョ、ミナ、ダヒョン、チェヨンはＹｏｕＴｕｂｅでかけ声のお手本動画を公開したが、音楽番組を見る限り、ＯＮＣＥはすでに教えてもらう必要がないほど完璧だった。

１か月ちょっとのプロモーション期間に、ＴＷＩＣＥは音楽番組で12回の勝利を手にした（「ミュージックバンク」では5連勝）。『ＴＴ』ポーズは韓国のみならず日本でも大流行し、シングルはガオンデジタルチャートで4週連続トップの座に輝く。ビルボードのＪａｐａｎ Ｈｏｔ １００チャートでは最高3位、ワールドチャートでは2位を記録。ＥＰ『TWICEcoaster：LANE 1』は初週に16万５０００枚を売り上げ、ＴＷＩＣＥは２０１６年に最も売れたK-ＰＯＰ女性アーティストとなった。

ＥＰには、『ＴＴ』そして『ONE IN A MILLION』のほかに、5曲が収録されていた。このうち、ＯＮＣＥにとって最もなじみのある曲になったのが、音楽番組で『ＴＴ』と一緒にパフォーマンスされた『1 to 10』だ。『ＴＴ』よりも落ち着いた曲で、軽快に流れるサウンドとキャッチーなサビが特徴。しかも、振り付けはタイトルトラックに負けないかわいさだった。多くのファンは、音源を聞いてモモのパートが多いことに喜んだが、パフォーマンスではジヒョが代わりに歌っていることに少しがっかりしていた。一部のＯＮＣＥからは、テレビカメラの前ではプレッシャーで歌えないのではないかと、モモの歌唱力を疑問視する声もあった。それでも『1 to 10』はシングルにしてもいいほどの完成度で、「ヒット曲になりそこねた」ナンバーとしてONCEの間で愛されている。

TWICEはジャージやジーンズ姿で、『1 to 10』ともうひとつのアルバム収録曲『JELLY JELLY』のダンス練習動画を撮影した。『JELLY JELLY』は生粋のバブルガム・ポップ。繰り返されるハンドクラップ音と陽気なサウンドが、アップテンポで爽やかなダンスナンバーを盛り上げていく。指さしポーズや考えごとをしたり、電話をかけたりする小生意気なジェスチャーなどを取り入れた楽しく生き生きとした振り付けは、ダヒョンが考案したもの。そこにチェヨンもウインクで華を添える。『JELLY JELLY』はプロモーションの最後を飾る「人気歌謡」のステージで披露され、観客を沸かせた。

『TWICEcoaster：LANE 1』のそのほかの収録曲も、ONCEから高い評価を受けただけでなく、TWICEがいかに多才なグループかということを証明した。ロックギターのサウンドに乗せて「ヘイ、ヘイ」とメンバーのかけ声が入る『PONYTAIL』は、日本のアニメソング風の楽曲。J-POPまでカバーするK-POPの幅広さを感じさせた。『PIT-A-PAT』では、サナが歌う「Pinky pinky」に最初から心をつかまれたかと思うと、シンセサイザーのノリのいいリズムに乗せた歌声が「Turn it up」と歌うキャッチーなサビまで息つく暇なく続く。『NEXT PAGE』を聞けば、作曲家チームがこの短い間に、9人の個性の異なる歌声を最大限に生かせるようになったことがよくわかる。雰囲気の似ている曲が多い中、チェヨンのヴァースに始まり、ツウィとミナが優しい声で歌うサビが美しいこの曲は、どこか新鮮な響きを生み出していた。EPを聞いたONCEは、TWICEなら「oh（オー）」「hey（ヘイ）」「yeah（イェイ）」をどう組み合わせてもキャッチーにしてしまう、その実力に驚いた。

EPとシングルがヒットしたことで、TWICEはK-POP第3世代のガールズグループを代表する存在になり、2016年秋には、TWICEと肩を並べられるのは、BLACKPINKとRed Velvetくらいになっていた。YGエンターテインメント所属の4人グループBLACKPINKは、夏の終わりに『WHISTLE』を大ヒットさせ、SMエンターテインメント所属の5人グループRed Velvetも、『Russian Roulette』で健闘していた。BLACKPINKのコンセプトはガール・クラッシュで、セクシーでシック、クールなイメージが、とくに欧米のリスナーの間で人気を集めていた。一方、Red Velvetは、ガール・クラッシュとかわいい系という両方のコンセプト併せ持ち、韓国とアジアで愛されていた。

初期の楽曲では、TWICEはRed Velvetと同じ、ダブル・コンセプトのアプローチをとっているように見えた。しかし、『TWICEcoaster：LANE 1』からは、明るくかわいいコンセプトのほうにシフト。どこにでもいそうな親しみの持てる女の子を演出し、愛嬌とかわいい表情をちりばめている。露出やきわどいダンスは控えめで、ハイヒールも履いていない。しかし、歌とダンスを貫く楽しい空気感とメンバーの強い個性がある限り、

TWICEがありきたりのかわいいアイドルグループで終わるはずはなかった。

授賞式シーズンが近づくと、ネット上でのファン同士の戦いは激しさを増す。とくに、ONCEと、BLACKPINKのファンBLINKは、互いに火花を散らし合っていた。しかし、メンバーの間にはなんのわだかまりもないばかりかむしろ友好的で、11月6日放送の「人気歌謡」で共演した際には嬉しそうにハグをした。そして、ナヨンがデビュー前からBLACKPINKのジス、ジェニーと親しい友人であることが明らかにされた。

かわいいコンセプトのほうが受け入れられやすいとJYPが判断したのか、それともTWICEとライバルグループに差をつけるためだったのか。いずれにしろ、コンセプトの転換は成功したようで、TWICEの人気は日に日に高まっていった（人気に比例して、Thriceと名乗るアンチが現れるほどだった）。11月11日、『Like OOH-AHH』のMV再生回数がYouTubeで1億回を記録。TWICEは、K-POPで初めてデビュー曲のMVが1億回再生されたグループになった。

その数日後、TWICEの『CHEER UP』は、MMA（Melon Music Awards）でベストソング賞を受賞し、ジヒョがスピーチをした。この賞は、これまでとはわけが違う、TWICEが初めて受賞する大賞（デサン）。韓国には多くの授賞式があり、さまざまな賞が授与されるが、大賞をもらえるのは最も権威のある授賞式の主要カテゴリーの勝者だけ。大賞をもらうということは、K-POPのトップアーティストであることを認められたことを意味していた。歴代のMMAベストソング賞受賞曲には、少女時代の『Gee』、PSYの『江南（カンナム）スタイル』、EXOの『Growl』など、歴史的ヒット曲が並んでいる。TWICEはデビューからたった1年ちょっとで、そのレベルに到達したのだ。

12月初旬に香港で開催されたMAMA（Mnet Asian Music Awards）は、さらに多くの感動に包まれた。TWICEは、豪華なステージですばらしいパフォーマンスを披露した後（当時、このパフォーマンス映像はMAMA関連の動画の中で最も多く再生された）、最優秀女性グループ賞に選ばれた。さらに嬉しいことに、ここでも『CHEER UP』が今年の歌賞に選ばれ、2つ目の大賞を獲得した。

2016年は、TWICEが本当の意味でK-POP界の重要な地位を占めることになった年だった。しかしONCEには、さらなるクリスマスのサプライズが残されていた。まずは、『TWICEcoaster : LANE 1』クリスマス・エディションの発売。この特別エディションはオリジナル版と収録曲は同じだが、ジャケットなどにかわいいサンタの衣装を着たメンバーの写真が使われていた。とくに肩を再び露（あら）わにしたサナと、うさぎの耳をつけたツウィの美しさは目を引いた。

メンバーはサンタの衣装で「ミュージックバンク」に出演し、『TT』を披露した。だが、年末特番の中で最も期待されていたのは、SBSの「歌謡大祭典」。この季節だけのスペシャルなコラボとして、ジヒョがEXOのチャニョル、BLACKPINKのロゼ、インディーズデュオの10㎝とステージに上がり、それぞれの持ち歌をアコースティックバージョンで歌った。ジヒョは10㎝のジョンヨルとともに『TT』をデュエット。ここでは、ロゼがすばらしいバックコーラスを担当した。同じ番組でミナ、モモ、ナヨン、ジョンヨンは、ソンミの『24 hours（24時間じゃ足りない）』をカバー。黒のキラキラしたトップスとタイトなショートパンツで官能的なパフォーマンスを披露し、その気になれば、かわいいコンセプトの殻をいつでも破れることを証明した。それから、GFRIENDの4人のメンバーと一緒に、Wonder Girlsの『Tell Me』をカバー。最後にはTWICEの9人にGOT7とSEVENTEENまでもが加わり、『Who's your mama?』をペアで踊った。自分の推しが男性アイドルと至近距離で踊っているのを見て、ONCEは大いに盛り上がった。とくに、ジョンヨンとSEVENTEENのバーノンのペアは印象的で、その後も動画などでじっくりチェックする人が多くいた。

TWICEにとって、2016年は記憶に残る年だった。韓国やアジアの音楽ファンの間で知名度を上げ、音楽番組やバラエティにもコンスタントに出演した。そうして増えていったファンたちが今、何よりも望んでいるのは、TWICEのパフォーマンスを生で見ることができるステージ——そう、大勢のONCEのかけ声が響く、TWICEの単独コンサートだ。

TWICELANDへようこそ

一昔前までは、K-POPのヒットは韓国国内だけの現象だった。韓国アーティストの人気は周辺の国や地域だけでなく、今や北米や南米、オセアニア、ヨーロッパ、そして中東にも広がっている。先頭に立って、後に続く世代に道を開いたのはBTSとEXO。ボーイズグループに比べ、ガールズグループは苦戦していたが、それでも少女時代は海外で多くのファンを獲得していた。

世界がTWICEに注目するようになったのは『CHEER UP』と『TT』のヒットがきっかけだった。フィリピン、マレーシア、インドネシア、台湾といった、もともとK-POPに関心のある国はもちろんのこと、ベトナム、タイ、そしてミャンマーが、公式ファンクラブで最も多い国籍の上位10位に入っている。日本や中国でファンを獲得するのは、ガールズグループにとっては難しいことだったが、TWICEはすでに両国で大きな支持を得ていた。そしてアジア以外でも、アメリカやブラジル（驚くほどK-POP人気が高い）でONCEは存在感を放ち、仲間を増やしていった。

面白いのは、地域によって人気メンバーが違うということだ。ホームの韓国では、ナヨンとダヒョンがファンの間の人気ランキングでだいたいトップにランクインしている。もちろん、日本でいちばん人気があるのは、サナ、ミナ、モモのJトリニティだ。ツウィはどの国でも愛されているが、とくに母国の台湾をはじめ、タイ、マレーシア、フィリピンにファンが多い。対照的に欧米のファンはとにかくモモが大好きで、チェヨン、ジヒョ、ジョンヨンも人気が高い。こういった順位付けはそのとき限りで、カムバックごとに変わるものだが、幅広い個性がそろっているＴＷＩＣＥの人気は、一握りのメンバーに頼っているのではないということを表していた。

自分たちのファンだけに向けてパフォーマンスすることは、ＴＷＩＣＥが何より望んでいることだった。２０１７年に入るとすぐ、初めての単独コンサートの開催が発表された。会場はソウルのＳＫオリンピックハンドボール競技場で、2月17日から19日までの3日間開催。さらには、海外公演の予定もほのめかされていた。全日程合わせて約１万枚のチケットは、発売からたったの40分で完売。ファンは期待に胸を膨らませた。

１月13日、ＴＷＩＣＥがゴールデンディスクアワードで大賞（デサン）を獲得し、ガールズグループとしては２０１１年の少女時代以来の快挙を達成すると、その夜にＶＬＩＶＥパーティーが配信された。単独コンサートをおこなうことは、多くのメンバーが練習生の頃から抱いてきた夢であり、目標だった。生配信では、メンバーたちがこれまで目にしてきたすばらしいコンサートの数々を振り返った。ジョンヨンは２ＰＭ、モモはパク・ジニョンのコンサートを例に挙げ、どんなところが良かったかを話し合った。持ち曲をアレンジして歌うことやアーティスト自身がステージを心から楽しむのはもちろん、コンサートの醍醐味（だいごみ）は、ファンとの絆を確かめられることにある。ナヨンは最後に、これまでステージで歌うときはいつもまず観客の中に埋もれたＯＮＣＥの姿を探していたと言った。だが、今度はその必要はない。なぜなら、会場に集まる全員がＯＮＣＥなのだから！　この気持ちを込めて、ツアー名は「TWICELAND」に決まり、ジヒョは、ＴＷＩＣＥとＯＮＣＥがひとつになれる場所、とその意味を説明した。

ソウルで3日間にわたって開催された「TWICELAND-The Opening」は、まさにその名にふさわしいコンサートになった。ライトに照らされた会場は妖精の国のようで、3時間の公演にはＯＮＣＥが望むものすべてが詰め込めれていた。大好きなＴＷＩＣＥのナンバー、カバーパフォーマンス、ダンス、衣装チェンジ、メント（ＭＣのこと）、そして、大盤振る舞いのファンサービス。メンバーは愛嬌をしてみせたり、プラカードやスローガンに反応したり、ファンと自撮りしたりすることで、ファンに愛情をたっぷり示した。

ＴＷＩＣＥのメンバーたちは、まず全身白の衣装にベルトを身につけてステージに登場。ファンも一緒に歌えるアップテンポなナンバー『Touchdown』、『I'm gonna be a star』、『CHEER UP』で力強くスタートを切り、ＥＰから数曲、そして『Like OOH-AHH』と続けた。単独コンサートは、新しい角度でファンにサプライズできるのが強み。コンサートの中盤には、メンバーのサブユニットによるカバーが準備されていた。ミナ、ジヒョ、ジョンヨンは、白いシャツにピンストライプのスーツを着て、マドンナの『4 Minutes』に乗せてキレのあるダンスを披露した。ナヨン、モモ、サナ、チェヨン（髪型がボブに変わっていた）は、ビヨンセの『Yonce/Partition』をカバーし、ステージに寝そべるセクシーな振り付けで魅了した。しかもこの振り付けは、なんとモモが考案したものだった。短いがすばらしいダヒョンのピアノソロを挟み、ツウィが加わって、1990年代の韓国デュオTurboのヒット曲『Black Cat Nero』を歌った。このパフォーマンスは、カバーステージの中でいちばん輝いていたといってもいい。年少の2人のメンバーがクロネコの衣装で会場を沸かせ、ツウィは、その気になればかっこいいラップができることを証明してみせた。

再びステージ上に9人がそろうと、空気ががらりとチェンジ。パステルカラーのセーラー服に短いプリーツスカート、白い靴下というセーラームーンをイメージした衣装で、「美少女戦士セーラームーン」や「カードキャプターさくら」の主題歌、そしてTWICEの元気で明るいナンバーを歌った。会場中のONCEは大興奮。叫び声とかけ声は止むことがなかったが、コンサートはそれで終わりではなかった。さらなる衣装チェンジで、赤いミリタリー風のチュニックワンピースに。何曲か歌うと、EXOの『Overdose』とSEVENTEENの最新ヒット曲『Pretty U』のカバーで締めくくった。それから、赤いコートを脱いでタータンチェックの制服姿になると、フィナーレのメドレー。最後の『TT』では、会場の盛り上がりは最高潮に達した。

ファンたちは、一緒に踊って騒いだ疲れと感動で放心状態だった。しかし、アンコールをしてもらうには、ファンに課せられたミッションをクリアしなければならない。『TT』の振り付けを覚えているかどうか、『TT』という歌詞が曲中に何回登場するかといったクイズに答えたり、TWICEとセルフィーを撮ったりするコーナーが残されていた。もちろんONCEは、すべてのミッションをクリア。ファンソングの『ONE IN A MILLION』や、3つのヒット曲をもう1度聞くことができた。会場にいたファンにとって、その夜はいつまでも忘れることのできない思い出となった。

どのコンサートでも、その日最後のMCは感動の瞬間だが、メンバーがコンサートへの思いを語った千秋楽は、とくにみんなの心を揺さぶった。ジヒョは長い練習生期間、何度も夢を諦めようと思ったけれど、続けてよかったとコメント。なぜなら、「ずっと夢見てきた瞬間が今、叶った気がするから」。この言葉はONCEの琴線に触れた。ナヨンも同じく、つらい時期のことを振り返った。「SIXTEEN」出演時、よくジョンヨンの手を握って泣いていたこと、1人きりになれる場所を探して1日中泣いていたこと。そしてこう続けた。「これからは、私たちが流すのが嬉し涙だけになるように努力します」

ところで、国外で「TWICELAND - The Opening」の映像を見ていたファンは、韓国の観客の特徴をひとつ発見した。男性ファンの数だ。実際のところ、韓国では女性グループに男性ファンがつくのは珍しいことではなく、TWICEは男性ファンがどのグループよりも多いことで有名だった。それは、女性ファンがいないという意味ではない。女の子のかけ声は埋もれてしまっていたかもしれないが、「TWICELAND の会場にいた人たちの間では、男女比はほぼ1対1だったと意見は一致していた。しかしながら、4月にタイ、シンガポールでおこなわれる「TWICELAND - The Opening」では、韓国よりもかん高い声援やかけ声が響くことになる。

メンバーは、ソウル公演を終えて天にも昇る気持ちだったかもしれないが、感動に浸る時間も、リラックスする暇もなかった。千秋楽当日の夜11時半には宿舎でＶ ＬＩＶＥの配信を始め、新しいＥＰ『TWICEcoaster：LANE 2』のリリースをカウントダウンで祝った。ティーザーもジャケット写真も、明るくて楽しい感じの2種類。ひとつは、ストリートファッションやスケータースタイル、タータンチェックのスカートを身につけたカジュアルなバージョン。もうひとつは、網タイツやレザーに白いドクターマーチンのブーツを合わせた不良少女っぽいバージョンだ。髪色はどちらかというと落ち着いていたが、少し伸びたアッシュグレーの髪をお団子にしたジョンヨンは目を引いたし、ナヨンのややウェーブのかかったミディアムヘアーやダヒョンの赤い髪色は新鮮で、サナのグラデーションピンクもとてもかわいかった。

なかには、『TWICEcoaster：LANE 2』には、写真以外にそこまで楽しみなものはないという人もいた。アルバムには13曲が収録されていたが、ほとんどがすでに発表済みの曲だったからだ。ＣＤバージョンには、すべてのシングルのインストゥルメンタルバージョンと、ＴＡＫがアレンジした『ＴＴ』のリミックス版が収められていた。ＴＡＫは独自のＥＤＭサウンドが評判になり、当時注目を集めていたK-ＰＯＰプロデューサー。クラブでかけるのにぴったりの弾けたリミックスは、オリジナルを聞きすぎていた多くのＯＮＣＥに歓迎され、これをきっかけにファンが増えたほどだった。しかし、アルバムには新曲も2曲収録されている。新しいシングル『KNOCK KNOCK』と、『Ice Cream（溶ける）』だ。

『KNOCK KNOCK』は、TWICEのシングルで初めてブラック・アイド・ピルスン以外が手がけた楽曲だった。JYPは、事務所として高く評価していたソングライター、collapsedoneことイ・ウミンを新たに起用した。イ・ウミンは、これまでにApinkやDAY6に楽曲を提供したことがあり、G.Soulの2015年のヒット曲『You』も手がけている。『KNOCK KNOCK』は、これまでのシングルのような意外性や不思議さはなかったかもしれないが、ファンがTWICEの曲に期待するエネルギー、チャーミングさ、そしてカラーをすべて備えていた。

アップテンポなギターとシンセサイザーのパルスをベースにした『KNOCK KNOCK』は、どこかレトロな80年代の空気を感じさせる。9人グループとしてはできる限り公平なパート分けで、かわいらしく元気になれるメロディーに始まり、いまやトレードマークになった耳にこびりついて離れないキャッチーなサビに続く。歌詞の内容はシンプルで、心のドアをノックしてくれる人を探している、というもの。繰り返しや英語の歌詞も多いため、海外ファンの受けもよく、口ずさみやすい曲になっている。

期待したとおり、『KNOCK KNOCK』のMVはすばらしい出来だった。愛嬌が詰め込まれ、ユーモアたっぷりで、甘さを引き締めるアクセントもちりばめられている。ストーリーは、パジャマパーティーを開いていたメンバーたちが、外に出て雪合戦を始めるが、閉めだされて家の中に入れなくなってしまう、という単純なもの。しかし、決して退屈させない。ストップモーション、早回し、加工された背景、そして衣装チェンジでエネルギーを注入し、遊び心を加えている。

これまでのMVもビジュアル重視だったが、今回も繰り返し再生せずにはいられないほど目の保養になるカットが続く。愛嬌は最初から最大レベルで、3分割の映像ではメンバーが競い合うかのように次々とかわいい表情を見せる。ベッドルームのシーンでは、髪をお団子や三つ編みにしたメンバーが、掛け布団から顔を出したり、パジャマで踊ったりしている。

パジャマパーティーには、印象に残る瞬間がいくつもあった。〝いないいないばぁ〟をするモモ、大きなテディベアを抱いたツウィ、そしてクローゼットの中でラップをするチェヨン！　次々と変わる衣装も見逃せない。複数のメンバーが着ている白地に文字をプリントした衣装、ナヨンの赤いセーターと黒いワンピース、ミナのオーバーサイズの青と黒のセーター、ダヒョンの〝Dreamy - eyed idealist（夢見がちな理想主義者）〟と書かれたTシャツ、そしてチェヨンの黒と白のボーダーワンピースと網タイツ。

笑える瞬間もたくさんあった。歌いだした瞬間に、枕に直撃されるミナ。ドアベルが鳴り、わくわくしてドアを開けたものの、そこに立っているのがパク・ジニョンだと知ってがっかりするメンバーたち。しかも彼はつなぎのパジャマを着て、キーボードを腕に抱えている（社長の演技とユーモアのセンスも100点満点だ）。メンバーたちが階段の下で次々とポーズを決める中、ジョンヨンだけはさっとカメラに手を振って通りすぎる。

『KNOCK KNOCK』のMVは、ちょっとした謎や仕掛けが大好きなK-POPファンの心もつかんだ。K-POPの多くのグループが、複数のMVをつなげるとひとつのストーリーになるような演出を採用している。よく知られている例としては、BTSのMVはパラレルワールドにいるメンバーの人生が少しずつ明かされるようになっているし、EXOは、遠い惑星からやってきたという設定で、メンバーはそれぞれ違う超能力を発揮する。『TT』のMVは、トリック・オア・トリートをしにやってきた2人の子どもがお化け屋敷の玄関をドンドン叩(たた)く音を聞いて驚くと、SF風の効果音とともに"To be continued(続く)"というメッセージが現れるという終わり方になっていた。『KNOCK KNOCK』は、同じSF風効果音で始まり、最後のシーンでは、TWICEのメンバーがドンドン扉を叩いている。

さらにMVでは、ドアマットの近くにおとぎ話の絵本が落ちているが、この絵本には、メンバーが『TT』で演じたキャラクターたちが登場する。メンバーが雪合戦に夢中になっている間に、絵本のページは勝手にめくれて、キャラクターたちが(おそらく)魔法で外に出てくる。ONCEは、ネット上でこのストーリーの意味について考察した。『KNOCK KNOCK』が『TT』の一種の前日譚(ぜんじつたん)なのは確実だが、そのほかの説はファンのお遊び。ハロウィーンのキャラクターは、閉めだされて凍死したTWICEのメンバーの幽霊なのだという説まであった。

TWICEの人気は絶大で、『KNOCK KNOCK』は再びオールキルを達成。韓国のガオンチャートでは初登場第1位、ビルボードのワールドチャートでは5位、Japan Hot

100では15位にランクインした。その後、売り上げは結局『TT』ほどは伸びなかったが、MVは異例の健闘を見せた。BTSの『Not Today』と競い合い（ボーイズグループのほうが世界で人気があることを考えれば、そのこと自体、驚くべきことだった）、K-POPアイドルグループのMVとしては最速の6日半で3000万回再生を達成した。

ステージ衣装で撮影したダンス練習動画も公開され、『KNOCK KNOCK』の楽しいフォーメーションダンスの全貌が明らかになった。今回も、覚えやすいポイントは満載。すばやく拳を振る（ジヒョいわく、「トイレのドアを叩くみたいに」）「KNOCK KNOCK」ダンスに、しゃがみながら両手を顔の横に当てる「ピーカブー（いないいないばぁ）」ダンス。「流れ星」ダンスでは、右足を2回伸ばして下ろし、カーブを描いて落ちる流れ星のように腕を動かす。

これらの振り付けは、その後数週間続いたプロモーションで何度も披露され、視聴者を楽しませた。冒頭のペンギンシャッフルダンスや、公園の遊具のように腕を広げるポーズ、お互いの背中をノックするふり、そしてツウィのウインクなど。TWICEはどの音楽番組でも最低1勝を確保し、合計9勝を収めた。楽しい振り付けは、ステージでちょっとした遊び心を加えることもできた。たとえば、2列に並んだメンバーの間からナヨンが登場するパートは、アドリブにぴったり。プロモーション活動の最後のステージでは、デビュー500日目を記念して、手で「500」の形を作っていた。

いくつかの番組では、『Ice Cream（溶ける）』もパフォーマンスした。この優しくスローテンポのバラードは、『TWICEcoaster：LANE２』に収録されたもうひとつの新曲で、TWICEの新たな一面を垣間見せてくれる。恋に落ちて溶けてしまいそうな気持ちを表現したシンプルで感動的な曲は、メンバーの歌声を十分に楽しむことができた。ナヨンのファルセットはもちろん見事だったが、ONCEはほかのメンバーの歌唱力の高さにも気がついた。サナの心地良い歌声や（「シャーシャーシャー」以来、かわいいパートばかり担当していたため、あまり聞く機会がなかった）、ダヒョンの気持ちのこもった力強い歌声、そして、ラップ以外もできることを証明したチェヨン。『Ice Cream（溶ける）』は、あまり目立たないがONCEに人気の曲として、長い間愛されることになる。

ソウルのテレビ局と宿舎を車で行ったり来たりする生活を卒業し、TWICEは飛行機で国境を越えるようになっていた。3月と4月には、スイスで「TWICE TV」を撮影し、東京では夏に予定されている日本デビューを発表した。さらに、タイのバンコクでも、「TWICELAND - The Opening」の公演をおこなった。ただ、この海外公演には、ソウル公演と明らかに違う点がひとつあった。コンサートの最初から最後まで、ジヒョがステージの端でずっと椅子に座っていたのだ。1年前からひざの痛みを抱えていたが、いよいよ体を休める必要が出てきたのだ。それでも、TWICEのリーダーは自分のパートを歌い上げ、座ったままでもダンスに参加した。

連日4000人から5000人を動員したコンサートは、基本的にソウル公演のセットリストと同じだったが、一部変更して『KNOCK KNOCK』を追加し、アニメ「ちびまる子ちゃん」の主題歌をタイ語で歌った。タイでも、メンバーは喜びいっぱいのファンから、韓国と変わらない熱狂的な歓迎を受けた。どちらの国でもONCEは応援動画を作って上映し、メンバーたちを驚かせた。TWICEは世界に羽ばたき、TWICEとONCEを乗せたジェットコースターは、高速でレールを駆け抜けていた。

国民的アイドル

TWICEがタイとシンガポールを訪れている間、韓国では次のカムバックが噂になり始めていた。そして2017年5月1日、新しいEP『SIGNAL』が近日発売されると公式に発表された。ティーザーの衣装は、白と紺の制服風と、上品なパステルピンクとブルーのシフォンの2種類。一見普通に思えるコンセプトだが、メンバーのアンテナポーズと、どこかかわいい青いエイリアンの存在が妙に目立っていた。

5月15日に、EPと同じタイトルのシングル『SIGNAL』が発売された。この曲はパク・ジニョンが作詞作曲を手がけ、TWICEの曲としては初めて、あの有名な「JYP」のささやき声が入っていた。社長が自分のイニシャルをささやく声は彼自身が作った曲の証であり、miss Aの『Bad Girl, Good Girl』、Wonder Girlsの『So Hot』そして2PMの『Again & Again』でも聞くことができる。JYP練習生の頃から、この伝統をよく知っていたTWICEのメンバーにとっては、パク・ジニョンその人に認められたという大きな意義を持っていた。

新曲にも、TWICEを有名にしたこれまでのヒット曲の特徴が備わっていた。チャーミングさ、繰り返される歌詞、耳に残るサビ、そして楽しい雰囲気。しかも、パク・ジニョンはこの曲で、さらに前に進もうとしていた。ドラムとベースをメインにヒップホップを意識し、メロディーをかわいらしく歌い上げる代わりに、ビートに乗せて歌詞を繰り返す。ボーカル構成もいつもとは逆で、ダヒョンが初めて歌い出しを担当し、ツウィとサナがサビを歌う。そしてチェヨンも、ラップではなくボーカルを務めた。また、ほぼ公平な歌割りではあったが、モモのパートがいちばん多かった。

MVは、好きな人に自分の気持ちをわかってもらえないという歌詞を、メンバーが青いエイリアンの頭をした男の子の気を引こうとするというストーリーで表現している。メンバーは超能力を使えるのだが、それでもエイリアンに振り向いてもらえない。ツウィは怪力の持ち主という設定で、そっと触っただけでエイリアンは部屋の向こうに吹っ飛んでいってしまうし、透明人間のサナに、エイリアンは気づきもしない。ミナは催眠術をかけようとして、自分が眠ってしまう。

もちろん、TWICEは今回もとてもかわいらしい。少しずつ違うスタイルの制服や、黄色と青と赤のカラーブロックのワンピースと赤いハイソックス、カラフルでレトロな衣装。MVには鮮やかな色がふんだんに使われている。ヘアクリップに大きなイヤリング、ジヒョのピンクのおもちゃの車、ジョンヨンの真っ赤なリップ。どうしてUFOが到着するとメンバーが全員気絶してしまうのか、しかもなぜ最後にはメンバーまでピンクの頭のエイリアンになってしまうのかは誰にも解けない謎だったが、MVがとても楽しくてかわいいことは間違いなかった。

プロモーションが始まると、ファンはスタイリングと振り付けの全体像をつかむことができた。とくに注目を集めたのはジョンヨンで、ついに肩の長さまで伸ばした髪を金髪にしていた。ジヒョのこげ茶色の前髪は、大きな目をさらに強調した。ナヨンの赤みがかったブラウンヘアーも輝いていた。振り付けは以前よりハードになっていたが、ポイントダンスもたくさん取り入れていた。髪を洗うダンス、両手のハートポーズ、ステップ、そしてメインのアンテナポーズ。グループのダンス練習動画を見て、自分にも踊れると思ったファンの中には、5月末に公開されたモモのパワフルなソロバージョンを見たことで、考え直した人も多かったはずだ。

『SIGNAL』はデジタルチャートでオールキルを達成し、ガオンチャートでは2週間にわたって1位をキープした。ビルボードのワールドチャートでは最高3位。イギリス、アメリカ、ドイツ、フランス、カナダ、スペイン、オーストラリアのｉＴｕｎｅｓチャートにも入った。一部の批評家やライバルグループのファンからは批判され、ＯＮＣＥの中にすら、この曲をよく思わない人はいたものの、大勢の人々に愛された曲でもあった。『SIGNAL』をきっかけにＴＷＩＣＥを知った人も多く、新しいファンを引き込むのに十分な力を持っていた。

ＥＰのタイトルトラック以外の収録曲で、ＯＮＣＥは自分の推しの歌声をじっくりと聴くことができた。チェヨン、ミナ、サナ、ジョンヨンは、これまでの作品よりも歌唱力をアピールする機会を与えられていた。楽しいアップビートの曲がそろっていて、たくさんのフックとキャッチーなサビがあり、曲のスタイルはバラエティ豊か。ソフトなレゲエ調の『THREE TIMES A DAY（1日に3回）』や、バブルガム・ポップ『HOLD ME TIGHT』、優しいバラード『SOMEONE LIKE ME』。さらに、ポップなヴァースとゆったりしたサビの『EYE EYE EYES』は、ジヒョが1番、チェヨンが2番を作詞したことで、とくに話題を集めた。どの曲もすばらしい出来で、過去作同様にティーンエイジャーの恋心を歌っているが、小生意気なところもあり、元気で勢いがあった。

この『SIGNAL』で、TWICEは音楽番組でさらに12回の勝利を重ねた。これで合計45勝となり、f（x）、SISTAR、そしてWonder Girlsまでをも抜いて、史上最も活躍したガールズグループのリストを駆けのぼっていった。今や、2NE1とは同点、上にいるのは少女時代だけ。だが、いつものことながら、成功をゆっくり祝う時間はない。6月17日と18日には、アンコール公演「TWICELAND - The Opening　Encore」がソウルの蚕室（チャムシル）室内体育館で開催された。今回は、『KNOCK KNOCK』『SIGNAL』『Ice Cream（溶ける）』もセットリストに加わり、新しいサブユニットパフォーマンスも披露された。ミナとモモは、ヴィヴァルディの『Le Quattro Stagioni（四季）』に乗せた優美なダンスで魅了。ダヒョン、ジョンヨン、サナ、ツウィは、TWICEの曲と言っても信じてしまいそうなほどアップビートで楽しい、1980年代のナミのヒット曲『ビングルビングル（Round and Round）』をカバー。ナヨン、ジヒョ、チェヨンの〝セクシー〟ユニットは、アリアナ・グランデの『Greedy』を選曲し、チェヨンが韓国語のラップを付け加えた。年下ながらラップを担当するチェヨンは、アンコール公演のTシャツのデザインも担当。フィナーレでは、メンバーが9人の似顔絵が描かれたTシャツに着替えて再登場すると、コンサートを見にきていたメンバーの両親（サナの祖母もいた）の前で深くおじぎした。

次にTWICEは、日本ツアーに全力を注がなければならなかったが、その前にまずはニューヨークに飛び、KCONに参加した。初日はJYPファミリーのヒット曲で観客を沸かせ、どんなナンバーも自分たちのものにできることを見せつけた。2日目は、TWICEのメドレーを披露。アメリカの観客も、TWICEのダンスやかけ声をよく知っているようだった。ステージ後、慌ただしく買い物や観光をしていると、タイムズスクエアを訪れたジョンヨンとツウィが、『TT』のコピーダンスを踊るグループに遭遇。TWICEのメンバーがそこにいることには、誰も気づいていなかった。この最高の瞬間を記録するために、ふたりはこっそりその路上パフォーマンスの動画を撮影した。短いスケジュールの間に、TWICEは新しい海外ファンを獲得することに成功したが、その数日後には、次のチャレンジに挑まなければならなかった。

TWICEの3人の日本人メンバーは、決して偶然選ばれたわけではなかった。K-POPグループにとって、日本で売れることは成功のための絶対条件だ。日本人は、アメリカ人の次に音楽にお金を使う傾向があるのだ。ただ、東京とソウルが2時間しか離れていないとはいえ、売れるのは簡単なことではなかった。歴史に由来するわだかまりや政治的緊張によって、日韓関係は数年ごとに変化するサイクルを繰り返していた。2010年頃には、BIGBANG、少女時代、そしてKARAなどが韓流ブームに乗って日本でも人気を博していたが、その後はしばらく冬の時代が続いていた。しかし、2016年秋、光が見える。BTSの日本アルバムが、オリコンチャートで1位に輝いたのだ。

3人の日本人メンバーがいるTWICEは有利だったし、JYPは日本マーケットを非常に重視していた。2月から、日本向けのツイッターアカウントが運用され、韓国での『SIGNAL』プロモーション中にもかかわらず、『Like OOH-AHH』と『SIGNAL』の短い日本語バージョンがYouTubeで公開された。韓国の音楽番組での活動期間をいつもより短くして、日本デビューの準備に力を注いだのだ。

6月20日、TWICEは日本語の『TT』をフルバージョンでリリース。新しいMVも公開した。今回はコスプレはせず、メンバーがドライブインシアターに行くと、スクリーンには『TT』を歌うTWICEが映しだされる。最初はプールサイドで、後半になると空のプールの中に入って踊るという、暑い夏を感じさせるMV。プールのセットに、カラフルな衣装が映える。オレンジと緑のベスト、短いトップス、デニムの切りっぱなしのショートパンツ。とくにストーリーはないが、メンバーのダンスや笑顔、仲の良さを堪能できる。ただひとつ物足りないのは、ダンスシーンにジヒョがいないこと。MVの撮影時、まだひざが治っていなかったため、ダンスに参加できなかったからだ。

TWICEはすでに日本でもよく知られていた。6月末に来日したときには、早くも雑誌「Popteen」のTWICEスペシャルエディションが発売され、「Vivi」の表紙にもなった。東京のいたるところでCMやポスターに登場し、東京タワーをピンクの『TT』の文字が彩った。説明されなくても、日本の若者のほとんどがすでに『TT』ポーズを知っていた。

2017年6月28日、ついにTWICE初の日本アルバム『#TWICE』が発売。アルバムにはすべてのシングルの日本語バージョンと、オリジナルの韓国語バージョンが収録されていた。日本語に翻訳された新しい歌詞に、違和感を覚えるONCEもいた（意味ごと変わっている歌詞もあった）。ツウィや韓国人メンバーが日本語で歌うのは難しく、とくにラッパーのチェヨンとダヒョンは大苦戦。しかし、日本人メンバーが熱心に教えたこともあり、日本語の発音はとても自然で上手だと好評だった。

7月2日、東京体育館で、1万5000人の観客を前に、デビューショーケース「Touchdown in Japan」がおこなわれた。日本のONCEもかけ声をマスターし、かわいいポイントダンスに熱狂した。韓国の愛嬌は日本独自のカワイイ文化にも通じるところがあり、TWICEの魅力はすんなりと受けいれられていた。

ショーケースのほかにも、日本アルバムのためにTWICEは精力的に活動した。各局の朝の情報番組や、日本を代表する音楽番組「ミュージックステーション」に出演。この番組に韓国のアーティストが出演するのは2012年以来のことで、TWICEが日本の音楽シーンに及ぼしている影響の大きさが覗（うかが）えた。多くの視聴者が驚いたのは、日本人メンバーはそれほど前に出ず（3人もいつもの関西弁ではなく、共通語を話していた）、ほかのメンバーが積極的にインタビューに答えていたことだった。とくに、サナと同じ部屋なのが効を奏したのかジヒョの日本語は完璧で、チェヨンもすらすらと話し、ダヒョンも多少の間違いは気にせず一生懸命に発言していた。その姿は面白くもあり、とてもかわいかった。

リリース当日、『#TWICE』のCD売上は4万7000枚近くに達した。次週以降もアルバムチャート1位を維持し、早くも近年日本で最も売れたK-POPアーティストの仲間入りを果たした。『TT』は、ビルボードのJapan Hot 100チャートで3位、オリコンチャートで17位を記録。BTSとTWICEが「韓流ブームの第3波」を巻き起こしたと評判になった。

こんな絶好のチャンスを、TWICEがみすみす逃すはずはなかった。蚊帳の外にいた人は、2017年の夏は奇妙なほど静かに思えたかもしれない。デビューしてからずっと切れ目なくレコーディングやプロモーション、ツアーと忙しくしてきたグループの割には、おとなしいのではないかと。しかし、もちろんTWICEは立ち止まってなどいなかった。テレビ番組に出演し、V LIVEでは日本語の配信もスタート。そして、10月には再び日本での活動を始め、日本のミュージシャンが作詞作曲した新曲『One More Time』をリリースした。

『One More Time』には、TWICEの魅力がすべて詰まっていた。勢いのあるシンセサイザーとベースのビート、楽しいメロディー、かわいいアドリブ、ソフトなラップ、「TWICE!」のかけ声、そして耳に残って離れないサビ。TWICEのサウンドはすでにアップビートでかわいいJ-POPの要素も併せ持っていたから、『One More Time』ではそれらをただ強調すればよかった。型どおりでありながら、驚くほど新鮮で楽しいダンスナンバーが完成した。

新しいMVのコンセプトはスポーツ。ナヨンとジヒョはテニスで対戦し、チェヨンとダヒョンが向かい合うボクシングのリングではジョンヨンが審判を務め、そのほかのメンバーは新体操の手具を手にしていた。ゴージャスな衣装はなく、最初から最後までスポーツウェアを身につけている。髪もサナだけは明るいブラウンヘアだが、ほかは全員落ち着いた色だった。しかし、MVには楽しいシーンが満載だ。ナヨンはアニメのようなスーパージャンプでスマッシュを打ち、審判だったはずのジョンヨンはボクシングの試合に巻き込まれ、テニスの試合がいつの間にかボールを投げ合う遊びに変わる。それから、なぜか9人はロックバンドになって演奏することに。ストーリーはハチャメチャだが、数秒の間、TWICEは史上最高にかわいいガールズロックバンドになるのだ! 一方、ダンスの振り付けにはジャンプやツイストだけではなく、いつもの指を唇に当てるポーズも使われていた。

シングルはリリース当日に10万枚も売れ、2曲目に収録されている『LUV ME』もONCEの心をつかんだ。『LUV ME』は完璧なバブルガム・ポップで、シンプルなアップビートに、歌いやすいサビが印象的なナンバーだ。翌週、『One More Time』はビルボードのＪａｐａｎ Ｈｏｔ １００チャートで1位にランクイン。インストゥルメンタルバージョンも合わせて4曲が収録されたシングルは、これまでに日本で発売された韓国のガールズグループのCDの中で、最高の販売枚数を記録した。

２０１７年10月20日は、ＴＷＩＣＥのデビュー2周年記念日。この直前に日本で大成功を収めたことは、ＴＷＩＣＥの2年間を締めくくるのにふさわしい出来事だった。たくさんのヒット曲、大賞、音楽番組での勝利、そして満席のコンサート。これまで、韓国で「国民的ガールズグループ」といえば、それは少女時代のことを指していた。しかし、２０１７年の夏、少女時代がトップに君臨する時代は終わりを告げようとしていた。ＴＷＩＣＥの人気は韓国中に広がり、２０１７年におこなわれた韓国の大統領選挙では、2人の有力候補両方の宣伝に『CHEER UP』が使われたほどだった。ジャーナリストも、ＤＪも、そして国民も、ＴＷＩＣＥこそ国民的アイドルだと認めるようになっていった。

ＴＷＩＣＥはデビュー2周年を記念して、2日間のファンミーティングを開催した。そしてさらに、「ＯＮＣＥの心を盗んだ犯人は?」と題した動画も公開。メンバー1人ひとりが自分のキャラクターを最大限に表現して、ファンの心を盗んだ犯人であることをアピールするという内容だ。しかし、ＯＮＣＥへの最大のプレゼントは、ＴＷＩＣＥ初のフルアルバム『Twicetagram』の発表だった。

公式インスタグラムのアカウント名がそのまま使われていることから十分予想されたことだが、アルバムのティーザーフォトは、“Likey”という文字があしらわれたインスタグラム風のデザイン。今回のカムバックのコンセプトが「SNS」だということは明らかだった。セルフィーやパーティー風景など、大量の写真が公式から公開された。衣装はスタイルも色もバラバラだったが、おしゃれでリラックスした雰囲気は共通。ミナはフリルがついたピンクのパーティードレス、ジョンヨンはネイビーのハイネックに赤と黒のアームウォーマー、ナヨンは青いタータンチェック柄で細いストラップのキャミワンピース、ミナは艶のある赤いチューブトップ。暗めの髪色は『One More Time』から変わっていなかったが、何人かは前髪を韓国で大流行中のシースルーバングにしていた。

2017年10月30日、『Twicetagram』が発売されたが、より大きな注目を集めたのは同時にリリースされたシングル『LIKEY』のほうだった。JYPは『CHEER UP』と『TT』を作ったブラック・アイド・ピルスンを再び起用し、これが大当たり。『LIKEY』は聞き間違えようがないほどTWICEらしい曲で、3分間のダンス・ミュージックに、これまでにヒットした過去作の特徴がたくさん盛り込まれている。シンセサウンドが鳴り響き、「TWICE」のかけ声が続くオープニング。サナとジヒョが歌うサビは、怒濤（どとう）の「トゥグントゥグントゥグン（韓国語でドキドキの意味）」と、ベビーボイスの「heart heart」が合わさることで、一度聴いたら忘れられない魅力にあふれている。ヴァースではアップビートでかわいいメロディーが続くが、パワーは一度も落ちることがない。ホルンやサンプル音源（子

ども の騒ぐ声など）とドラムロールの間奏の後には、ダヒョンとチェヨンの過去最高とも言えるラップパートが続く。

歌詞がふわふわしていて安っぽいと言われるのは今回が初めてではないが、これまで通り、多くのファンの共感を得たのも確かだった。表面的には、『LIKEY』の歌詞は、〝見た目をかわいくしてSNSの投稿にたくさんの「いいね」をもらいたい〟という気持ちを歌っている。しかしよく読むと、いつもベストな自分でいなければならないというプレッシャーや「いいね」をもらうまでの不安でたまらない気持ちなども表現。その気持ちは、リスナーも痛いほどよくわかるものだった。

MVでは、また新たな趣向が取り入れられていた。ジヒョが学校のロッカーからビデオカメラを取り出してメンバーを撮影するのだ。音楽に合わせて、映像も元気いっぱいの楽しいものになっている。ロケ地は、カナダのバンクーバー。ナヨンが自転車で、ジョンヨンがスケートボードで、ツウィがローラーブレードで爽やかな夏の街を駆け抜け、サナはアイスクリームを売っている。グループダンスの舞台は、電車の車内、水辺、繁華街の路上、そして学校の更衣室や廊下だ。もちろん、どのシーンでもメンバーは最高にかわいい。コスプレでもスポーツウェアでもない、おしゃれでカジュアルな夏服が次々と登場する。印象的な衣装をあげればきりがない。モモの緑と黒のストライプのトップス、ナヨンの黄色と青のワンピース、ミナの黄色いHIDEのノースリーブトップス、ツウィの〝DON'T〟と書かれた青いショート丈のトップス。街中で踊る最後のシーンでは、ジョンヨンがショップのディスプレイで見つけたトリコロールカラーのワンピースを身につけている。

ポイントダンスは、いまやTWICEの定番。もちろん『LIKEY』にも取り入れられている。とくにサビで指をLの形にするポーズは、ブレイクすることを最初から狙っていたに違いない。ポイントダンス、シェイク、ステップ、そしてダヒョンのDABポーズのほか、たくさんのかわいいポーズ(スマホの画面を再現したポーズも)が満載。嬉しいことに、モモのダンスブレイクも復活した。ツイストと腕を回す動きを組み合わせた振り付けは、モモが自分で考案したものだ。

MVは、24時間を待つまでもなく1000万回再生を突破し、1週間弱で4000万回再生に到達した。これは、K-POPガールズグループの最高記録。シングルはガオンチャートはもちろん、ビルボードのワールドチャートでも1位に輝き、アメリカで最も売れたK-POPのシングルとなった。日本でもJapan Hot 100で2位を獲得した。

アルバム『Twicetagram』は、『LIKEY』を含めた13曲構成。ビルボードのコラムニストでK-POPに詳しいジェフ・ベンジャミンは、「すばらしいバブルガム・ヒットがそろっている」とコメントした。かつ、『LIKEY』が必ずしも最も印象的だと言えないほど、アルバム全体のクオリティが高い、とも語っている。それはONCEも同意見だった——『LIKEY』は恐ろしく中毒性の高いナンバーだが、『Twicetagram』はほかの曲もすばらしかった。

アルバム収録曲の中でとくに人気が高かったのは、ツウィの美しい歌声から始まる、ジャズ調のスローなナンバー『TURTLE』。流れるようなビートとキュートなラップの『24/7』。そして、ポップとロックをミックスした『MISSING U』だ。どのナンバーもTWICEらしく、かわいくて元気だが、メンバーの歌声とスタイルで違いを生み出していた。かけ声とスパーキュートなサビを盛り込んだ『FFW』は、英語をたっぷり使った歌詞が特徴。元Wonder Girlsのヘリムが作詞を担当した『LOOK AT ME』は、ナヨンの透き通った歌声が楽曲の魅力をさらに引き立てている。『ROLLIN'』もかなり新鮮なナンバーで、メンバーは解き放たれたかのようにアドリブやサプライズを披露していた。最後の曲はロマンチックで優しい子守歌『JALJAYO GOOD NIGHT(おやすみ GOOD NIGHT)』で、サナのセリフのかわいい声がたまらない。

『Twicetagram』がとくに愛されたもうひとつの理由は、韓国人メンバー全員が作詞に関わったことだった。ダヒョンは『MISSING U』で、チェヨンの助けを借りながらラップを書いた。ナヨンとジヒョは、ふたりで『24/7』を作詞。チェヨンは『DON'T GIVE UP』に参加している。『LOVE LINE』では、ジョンヨンが聞く人を夢中にさせるすばらしい歌詞を書いた。TWICEは、本物の音楽の才能を持ったアーティストとして歩み始めようとしていた。

プロモーションが始まり、音楽番組で8勝すると、アルバムはシングル同様、ビルボードのワールドアルバムチャートで1位になり、韓国では過去15年で最も売れたガールズグループのアルバムになった。日本では7位、アメリカのｉＴｕｎｅｓチャートでは10位、そしてアメリカ、イギリス、カナダ、スペイン、ブラジル、フランス、ドイツのｉＴｕｎｅｓチャートでトップ30にランクインした。

『Twicetagram』の収録曲をいくつか聞けば、メンバーは英語も上達し、スキルに自信をつけたことがわかる。そのことを証明したのが、２０１７年の11月にＴＷＩＣＥが初めて英語で受けたビルボードのインタビューだ。とくにサナとツウィは、とまどうことなく英語で受け答えしていた。韓国の国民的アイドルで満足することなく、ＴＷＩＣＥはとうとう、世界を射程に入れる段階まできていた。

WHAT IS LOVE?

TWICEの成功を支えているのは、完成度の高いYouTube動画とキャッチーな歌&ダンスだ。とはいえ、とくに韓国では、ファンの心をつかんだのはメンバー1人ひとりの人柄だった。宿舎での生活や音楽番組の舞台裏、短い休日の様子を伝える「TWICE TV」や、メンバーの会話を配信するV LIVEを通じて、ONCEはアイドルの素顔に親しんでいった。

韓国にはいくつものバラエティ番組がある。まだ若いTWICEはお世辞にもテレビ慣れしているとは言えないし、メンバーの半分は韓国語が母国語ではない。それにもかかわらず、テレビで良い印象を与えることにかなり成功していた。いちばん積極的なのはダヒョン。いつもやる気満々で、司会者の冗談にもすばやく切り返し、ゲームでは真っ先に手をあげた。ナヨンは率先して発言するわけではないが、いざというときはほかのメンバーをからかってその場を盛り上げる度胸があった。ジヒョはリーダーとしての役割を全うし、恥ずかしさを克服して、グループの代表として堂々とトークをした。ジョンヨンはガール・クラッシュのイメージ通りクールに振る舞いながらも、その振る舞いはウィットに富んでいた。

最年少の2人は、最初は口数こそ少なかったものの、チェヨンはとてもかわいらしかったし、ツウィは座っているだけで目立つほどの美女だった。そして、偶然か狙ってかはわからないが、真顔で面白い言動をすることが知れ渡ると、ツウィはたちまち人気者になった(たとえば、「JYPネイション(Nation)」を、韓国語で女性を見下して呼ぶときの「ネイニョン」と書き間違えた)。日本人メンバーの中では、サナがいちばん目立っていて、その面白さと、周りに伝染する笑い声で愛されていた。モモはダンスチャレンジではもちろん常に主役。カメラの前ではいつもにこにこしているだけのことが多かったが、それはまだ韓国語での普通の会話に入っていく自信がなかったからかもしれない。ミナは相変わらず口数こそ少なかったが、上品かつ美しい笑顔で視聴者を魅了した。

2017年のTWICEは、バラエティ番組にひっぱりだこだった。「パッケージで世界一周(Carefree Travelers)」では、40代の芸人4人とベトナムを訪れ、一応の休暇を楽しんだ。「知ってるお兄さん」では、モモ、ダヒョン、サナが同じ曲に合わせてまったく違うスタイルのダンスを披露した。「週刊アイドル」では、『LIKEY』を2倍速で踊り(もともとかなり速いモモのダンスブレイクも!)、メンバー全員が列になって、嫌がるジョンヨンに次々とキスをする場面は大きな笑いを誘った。

ONCEにいちばん人気があったのは、TWICEが自己紹介ソングを作ってパフォーマンスした新番組「オッパの考え(Oppa Thinking)」だろう。TWICEの自己紹介ソングは、メンバーのステージネームをつなげた歌詞で始まり、メンバーが年齢順にひとりずつ前に出て、歌で自分らしさを表現する。モモはダンスマシーンであることをアピール、サナは「No Sana, No Life(サナなしじゃ生きられない)」と語りかけ、ジヒョは『KNOCK

『KNOCK KNOCK』を歌いあげた。どのメンバーのパートも楽しかったが、なかでもジョンヨンの「ジョンヨンにハマったら出口はない」や、ツウィの「爽やかキウイ」は傑作。ダヒョンのシンプルな「トゥブトゥブ（豆腐）……ダヒョン！」とキュートな愛嬌の組み合わせも最高だった。

2017年のクリスマスシーズンは、TWICEはいかに自分たちが愛されているか実感できたはずだ。MAMAでは『SIGNAL』で今年の歌賞（大賞）を受賞し、MMAではトップ10歌手賞を受賞した。YouTubeの再生回数は、『LIKEY』が1億回を突破していたし、『Like OOH-AHH』と『CHEER UP』は2億回を超え、『TT』は3億回に届こうとしていた。このことで、K-POPのMVが3億回再生までにかかった時間の最短記録を更新。しかし、そもそも3億回に到達すること自体、ガールズグループとしては史上初の快挙だった。だが、2017年が終わるまでには、まだもう1枚シングルをリリースする時間が残されていた……。

新曲の『Heart Shaker』は、ギターをかき鳴らす音や跳ねるようなドラムのサウンドが楽しさを演出する、クリスマスらしいといってもいいナンバー。何よりこの曲を特別にしていたのはTWICEの歌声——とくにナヨンとツウィが歌うサビだった。今回はパク・ジニョンではなく、K-POPを数多く手がけているデイヴィッド・アンバーとショーン・アレクサンダーが作曲、Galactikaが作詞を担当した。Galactikaは、これまでにもMONSTA Xの『Beautiful』や、AOAの『Heart Attack』を作詞したヒットメイカー。このチームで制作されたのは、あまり冒険はせずにTWICEの強みを素直に生かした聞きやすいダンスナンバーだった。

この方針はMVにも受け継がれた。パステルカラーのレトロなセット（レストランやスーパーマーケット）は、ハート形の窓がついたドアでつながっている。冬を感じさせるのは、ピンクの駅舎を背景に雪が降る最後のカットだけだ。いかにもクリスマスというスタイルではなく、のびのびとリラックスした雰囲気がよく出ている。あるシーンでは、メンバー全員が長袖の白いトップスを着てデニムを穿き、また別のシーンでは、カラフルなニットを着ている。今回も、オレンジがかった金髪のジョンヨン以外は基本的に落ち着いた髪色だが、お団子、リボン、三つ編みなどといったアレンジで華やかさを出していた。さらに、モモは花までつけていた。

振り付けはエネルギッシュで、サビのポイントダンスはいくつかの動きを組み合わせていたが、すごく難しいというわけではなく、楽しい場面もたくさん取り入れられていた。ツウィを中心にした見事な風車、ジヒョの大きなハート、ハグされてちょっとのけぞるジョンヨン、そしてインパクト抜群のアヒル歩き（ひざを痛めたことのあるジヒョとダヒョンはびくびくしていたに違いない）。かわいいダンスだが、最近の振り付けに比べて愛嬌は少ない。これはTWICEが成長したからだろうか、と考えるファンもいた。もしそうだとすれば、子どものままだったのは、海外ONCEのほうなのかもしれない。韓国語の歌詞「イサンハゲ」が「Is Sana gay?（サナはゲイなの？）」に聞こえると盛り上がり、コンサートで大合唱するようになってしまったのだから。

『Heart Shaker』をタイトルトラックとする新アルバム『Merry & Happy』もリリースされた。このアルバムは、『Twicetagram』のクリスマス・リパッケージ盤だが、アルバム名と同タイトルの曲も新しく収録されていた。『Merry & Happy』は、ＯＮＣＥへのクリスマスプレゼント。クリスマスらしいとてもにぎやかなナンバーだった。ベルの音、心が浮き立つメロディー、そしてクリスマスソングのような歌いやすいサビ。ＴＷＩＣＥが家でクリスマスを楽しむ様子に、ホームビデオ形式のカットを挿入した楽しいＭＶも、アルバム発売に合わせて公開された。

ＯＮＣＥにとって、最高のクリスマスが始まろうとしていた。ＴＷＩＣＥはアルバムチャートとシングルチャートの両方で1位に輝き、12月は『Heart Shaker』のプロモーションで毎日のように音楽番組に出演した。クリスマス翌日の「人気歌謡」で通算33勝を達成し、K-POPの1年間の勝利数の記録を塗り変えた。また、シーズン恒例の特別ステージでは、ダヒョンがいつものキュートさを封印して、モモ、ミナ、ナヨンのセクシーラインに加わり、4人でＦ.ｉｎ.Ｋ.Ｌ.の２０００年のヒット曲『NOW』をカバーした。ＯＮＣＥにとくに人気だったのは、パートをシャッフルした『LIKEY』のスペシャルバージョン。ナヨンがラップを、チェヨンがモモのダンスブレイクを、ジョンヨンがリードボーカルを担当し、ダヒョンもその美しい歌声で多くのファンを驚かせた。

日本も、忘れられてはいなかった。いまや日本で最も有名なK-POPアーティストとなったＴＷＩＣＥとＢＴＳは、クリスマス前に放送された「ミュージックステーション」

の年末特番に出演した。さらに、TWICEは唯一の韓国人グループとして、「紅白歌合戦」にも出場。韓国のアーティストが出演すること自体、2011年以降初めてのことだった。65年以上も毎年大みそかに放送されている「紅白歌合戦」は、出場アーティストは紅組と白組に分かれて歌う。TWICEは紅組として、袖と裾にフェイクファーがついたラメがきらきらと光るシルバーのドレスで『TT』を披露した。紅組は勝利できなかったものの、TWICEのステージがとくによかったという感想を抱いた視聴者は何百万人もいた。

2018年に入ると、新しい日本版シングル『Candy Pop』のMVが公開された。collapsedoneが作曲した、軽やかで元気いっぱいのバブルガム・ポップで、サナ、ミナ、ツウィのブリッジとナヨンのサビはキャンディの宣伝にそのまま使えそうなほど際立っている。また、MVには、思いもよらない楽しい仕掛けがあった。9人の生徒が学校を守るためにアイドルになるという人気アニメ「ラブライブ!」を手がけたアニメ監督の京極尚彦（きょうごくたかひこ）が、TWICEのメンバーをアニメ化したのだ。かわいいアニメキャラクターは、実写化して本物のTWICEに変身し、少女を元気づけるため、テレビの世界から抜けだそうとする。しかし、キャンディの世界を取り締まるアニメキャラクターの警官から追跡を受ける。

かわいいアニメキャラになったメンバーにも、助っ人としてパク・ジニョンが登場することにも、ONCEは大喜びだった。ネット上では、アニメ版のパク・ジニョンが「ポケットモンスター」のタケシに異様に似ていることも話題になった。チェヨンの描いた「隠しキャラ」を捜すという楽しみもあった。そのおかげもあってか、MVは24時間で400万回以上再生され、シングルが発売されると初登場で1位を獲得した。

シングルのプロモーション活動中、「ミュージックステーション」でTWICEは、アメリカの人気歌手カミラ・カベロとの共演を果たした。カベロは、ファンミーティングで観客に交ざり『Candy Pop』を歌う姿や、有名な『TT』ポーズをする姿が動画や写真にとらえられていた。そのうえ自身のインタビューでも、『Candy Pop』に夢中だと答えていた。TWICEにハマったアメリカ人アーティストは、カベロだけではない。当時来日してライブツアーをおこなっていたサブリナ・カーペンターも、ステージで『Candy Pop』をカバーした。

日本のONCEは恵まれていた。TWICEはワイモバイルのCMに起用され、日本での最初のTVコマーシャル出演を果たす。メンバーは、シンプルだがカラフルなブレザーを着て学校の教室に現れると、有名な「YMCA」ダンスをアレンジしたワイモバイルダンスを披露した。振り付けにはもちろん、『TT』ポーズもあしらわれていた。さらに、全国ツアー「TWICE Showcase Live Tour 2018 'Candy Pop'」を開催し、愛知、福岡、広島、大阪、東京、埼玉を回った。

ツアーの千秋楽が近づく頃、『Candy Pop』のカップリング曲である軽快なギターポップ『BRAND NEW GIRL』のMVが公開された。ここではクロケットのシーンでの白いミニスカート、パジャマパーティーでの色とりどりのルームウェアなど、かわいい衣装が目白押し。

チェヨンの赤いタータンチェックのセットアップはとくに目を引いたし、ツウィの三つ編みに青いリボンを結び、前髪を6：4分けにした髪型は最高にかわいかった。

2月末、TWICEは2018年度日本ゴールドディスク大賞のレッドカーペットにも登場。黒を基調としたスーツを着用したその姿は、MV同様に輝いていた。授賞式では、アジア部門のニュー・アーティスト・オブ・ザ・イヤー、アルバム・オブ・ザ・イヤー、そしてソング・オブ・ザ・イヤー・バイ・ダウンロードを受賞するなど、日本におけるTWICEの存在感が短期間でどれほど大きくなったのか明らかになった。また、K-POPガールズグループとしては初めて、同じ年にシングルとアルバムの両方で25万枚以上を売り上げたことで、日本のプラチナディスクに認定された。

日本でのスケジュールを終えると、TWICEはCM撮影のためにタイ、そして南米へと移動した。チリのサンチアゴでは「ミュージックバンク」のワールドツアーコンサートに出演し、ヒット曲をパフォーマンス。さらに、ナヨン、モモ、ミナ、チェヨンは、ソンミの『カシナ』をカバーし、セクシーなパフォーマンスで観客を魅了した。最後にカラフルな紙吹雪が降り注ぐと、会場の盛り上がりは最高潮に。南米ファンの大きな声援や完璧なかけ声、ダンスにはTWICEのメンバー自身も驚きを隠せなかった。

新しいEPが4月にリリースされるというニュースが発表されると、世界中のONCEは大喜び。3月に公開されたティーザーフォトでは、EP名でもあり、タイトル曲でもある『What is Love?』というフレーズが写し出された。メンバーはポップなイラストを背景に、お菓子に囲まれながら爽やかな笑顔を見せている。同時に、チョーカーやイヤリングなどを身につけ、ハイブランドのストリートファッションを着こなしたメンバーのイメージ写真も公開。ここでは、黒髪をボブにして前髪を下ろしたモモの姿がとくに目を引いた。ほかにも、ジヒョが着た丈の短いポンチョ風トップス、ダヒョンが着たモスキーノ×ベティ・ブープのキャラクターTシャツ（映画モチーフはMVにもたっぷり登場する）も、ファンの間で話題になった。

シングル『What is Love?』は、再びパク・ジニョンが作詞作曲を手がけ、collapsedoneも編曲に参加したアップテンポなエレクトロポップ。TWICEの特徴でもあるかけ声やエネルギッシュなスタッカートビート、チャイム、シンセコード、元気なサビなどはもちろん健在。歌はいつもどおりナヨンがリードしていた。ミナのパートは1度きりだがとても印象的で、ほかのメンバーにもそれぞれ見せ場がある。恋愛経験の少ない女の子の気持ちに立って、恋の魅力と不思議を考えた歌詞に、ONCEの共感が集まった。

MVはこれまで同様、ビジュアル重視の作品に仕上がっていた。メンバーが一緒にテレビを見ていると、やがてリモコンの取り合いになってしまう。どのメンバーも、自分の理想の愛の形を描いた映画を見たがっている。その映画には自分がヒロインとして出演しており、ほかのメンバーはお相手の男性役で登場するのだ！このストーリーのおかげで、パジャマパーティー用のかわいいルームウェアから制服、グループダンス時のスタイリッシュな衣装、そして名作恋愛映画の妄想コスプレなど、メンバーのさまざまな姿を楽しむことができた。

メンバーが一緒に「プリティ・プリンセス」を見ていると、その画面に癖の強い天然パーマにめがねをかけ、主人公のミアになりきったナヨンが登場する。リュックとヘアバンドに大きなめがねのモモはオタクっぽいリリー・モスコヴィッツ。ジョンヨンとサナは、「ゴースト」のろくろを回す名場面を再現（このときも、ジョンヨンがサナのキスから逃げようとしているのが笑える）。彫刻のように美しいミナは、フランスの恋愛映画「ラ・ブーム」のヴィック。サナとツウィは、「パルプ・フィクション」でユマ・サーマンとジョン・トラボルタが踊る有名なワンシーンをコピーしている。さらに、ツウィはクレア・デインズ演じる羽根を背負ったジュリエットそのものだし（ロミオ役はジョンヨン）、ジヒョは再び制服を着て、日本の映画「Love Letter」のヒロイン・樹になりきっている。モモとツウィは「ラ・ラ・ランド」でエマ・ストーンとライアン・ゴズリングが演じたカップル。ダヒョンとチェヨンは、あごひげやサングラスを身につけ、アクション映画「レオン」のキャラクターをコミカルに演じた。

映画の再現シーンやその間に挿入されるダンス映像では、これまでになく美しい衣装が使用された。たとえば、モモが着るGIVENCHYの青い星柄のワンピース。ミナが着るVALENTINOのリップスティックが波線を描くドレス。サナが着るボーダーレースのミニワンピース。ジョンヨンが着るFENDIのフューシャピンクチェックのパンツ。ダヒョンが着るゴールドにパールをあしらったホルターネックのワンピース。9人が豪華な舞踏会のドレスで勢ぞろいするシーンもある。

MV公開の数日後、ダンス練習動画も公開。この映像では、ほとんどのメンバーが動きやすいジャージ姿で、ミナはオーバーサイズのチェックシャツを着ていた。ジョンヨンの新しいピンクの髪は、すぐにファンの注目の的になった。動画はONCEがダンスを練習するのにちょうどよかったが、続けて公開された「For Once ver.」の人気には敵わなかった。こちらはおふざけバージョンで、メンバーは笑ったりハグしたりじゃれ合ったりしながら踊り、ソロパートでは思い思いに弾けた振り付けを披露していた。

ポップで楽しい雰囲気は、音楽番組でのプロモーション活動にも引き継がれた。「Mカウントダウン」のカムバックステージでは、巨大なお菓子やケーキを用意。「ミュージックバンク」には、まるでプリンセスのような舞踏会のドレス姿で現れた。そして「人気歌謡」には、映画のコスプレの衣装で登場。ツウィは大きな羽根、ナヨンはださいめがね、ダヒョンは、さすがにあごひげはつけなかったもののサングラスをかけていた。そして、ジョンヨンの髪は魅力的なブルーに変わっていた。TWICEは音楽番組で13勝し、シングルは韓国で1位、日本で5位、ビルボードのワールドチャートで3位にランクインした。MVは、TWICE自身が『Heart Shaker』で立てた記録を破り、K-POPガールズグループ史上最速で2000万回、3000万回、4000万回再生を達成した。

ＯＮＣＥの期待通り、ＥＰ『What is Love ?』には、タイトル曲のほかにも聴きごたえのあるナンバーが収録されていた。ノジェム兄弟（ジョンヨンとチェヨン）が作詞した『SWEET TALKER』のサビはアルバムの中でもとくにすばらしく、サナが歌う「Ah ooh ah」のフレーズにＯＮＣＥは大熱狂。ジヒョが作詞したかわいいダンスナンバー『HO!』は、ボーカル担当のメンバーの歌声が1人ひとり際立つと同時に、お互いに溶け合って美しいハーモニーを奏でている。ラップがメインの『DEJAVU』は、ほかの曲とは雰囲気がまったく違い、途中で一瞬止まってから再び曲がスタートするという変化球のナンバー。甘い歌声が魅力の『SAY YES』は、『What is Love ?』とは正反対のゆったりとした曲で、歌番組で2曲目にセレクトするとステージに良いメリハリがついた。しかし、本当に愛されたのは、ＣＤだけに収録された『STUCK』だった。誰かにSTUCK（執着）してしまい、幸せと不幸の間を綱渡りする感情を歌ったこの曲は、メンバーの表現力が光っていた。

最初のツアー以来、多くの新曲がディスコグラフィーに加わり、ＴＷＩＣＥはいつでも再びファンの前でパフォーマンスする準備ができていた。2回目のツアー『Twiceland Zone 2：Fantasy Park』は、6000人を収容できるソウルの蚕室（チャムシル）室内体育館で5月18日から3日間にわたって開催。オープニングでは白い衣装を着たメンバーが、つたをからませたフラフープのブランコに乗ってステージに降り立つ。それから約3時間。チェヨンがデザインしたピンクの虹Tシャツでステージを去る感動的なフィナーレまで、観客の視線は、終始ＴＷＩＣＥに釘付（くぎづ）けだった。

メンバーは歌もダンスも完璧に仕上げ、パフォーマンスは前回よりも自信に満ちあふれていた。花柄の衣装、ピンストライプのスーツ、キャンディカラーのかわいいフレアスカート、黒いレース&レザーと次々に衣装チェンジしながら、古い曲から新しい曲まで、TWICEのレパートリーを存分に披露。セットリストには、最近の人気曲『SWEET TALKER』や『STUCK』のほか、『SIGNAL』のリミックスや『Heart Shaker』のアコースティックバージョンなど過去作のアレンジバージョンも並ぶ。WINNERの2017年夏のヒット曲『REALLY REALLY』も会場を沸かせた。

これまでのコンサート同様、メンバーが多彩な顔を見せるサブユニットのコーナーも準備されていた。1人だけソロステージを披露したダヒョンは、スーツ姿でRainの『Rainism(レイニズム)』を情熱的な"Dahyunism(ダヒョニズム)"にアレンジしてみせた。ジヒョ、モモ、ツウィは、ビヨンセの『End of Time』を完全に再現し、サナ、チェヨン、ミナは、Waxの『オッパ』をカバーした。なかでもONCEをいちばん楽しませたのは、ナヨンとジョンヨン(コンビ名で2ヨンとも呼ばれている)。2人はペク・チヨンと2PMテギョンのヒット曲『My Ear's Candy』(2009年)で、ぴったりと体をくっつけるセクシーなダンスを披露。ファンが撮影した動画は、すぐに200万回以上再生された。かわいいアイドルらしさを封印したサブユニットのステージは、TWICEがガール・クラッシュやセクシーなコンセプトもこなせることを証明してみせた。

サーカスやパレードをイメージした幻想的な演出は、パフォーマンスをよりファンタジックに彩る。なかでも、『SOMEONE LIKE ME』の雪のセットは魔法のようだった。衣装チェンジの間は、メンバーがさまざまなゲームをするVCR（映像）が流れる。なかには、ONCEが協力しないとクリアできない脱出ゲームを事前に撮影したものもあった。さまざまな工夫の効果もあってか、観客は3時間ずっと飽きずにコンサートに没頭した。しかし、会場に集まった数千人のONCEにとって、その瞬間を何よりも特別なものにしていたのは、メンバー同士が歌と歌の間に見せる自然な仲の良さや、愛情をこめたファンとの気さくなコミュニケーションだった。TWICEとONCEの絆は、これまでよりもずっと強まっていった。

その年の夏、『Twiceland Zone 2：Fantasy Park』は日本、シンガポール、タイ、インドネシアを回り、すべての国で前回よりも大きな会場を満員にした。どこの国に行っても、ONCEの反応は変わらなかった——歌詞を覚え（意味はわからなくても）、かけ声と振り付けをマスターし、TWICEからもらったのと同じだけの愛を、ステージ上の9人に返したいと願ってやまなかった。

Summer Nights

2018年5月初旬、TWICEは日本の「ミュージックステーション」に出演し、最新シングル『What is Love ?』を披露した。このステージがいつもと違ったのは、日本語バージョンではなく、韓国語で歌われたということだった。この権威ある音楽番組で韓国アーティストが韓国語で歌うのは、番組史上初めてのこと。いかにTWICEが日本で人気があるかが窺えた——TWICEはK-POPガールズグループの先頭に立って道を開き、新世代の韓流ブームといわれるトレンドを牽引していた。

TWICEは2曲目に日本語の『Wake Me Up』を歌った。新しくリリースされた日本シングルだが、メンバーがダブルダッチのなわとびに挑戦したナイキエアマックスのテレビCMで使われていたため、すでに多くの人にとっておなじみの曲になっていた。熱っぽいスネアドラムときらきらしたシンセサウンド、歌いやすいメロディーと繰り返されるサビは、とてもエネルギッシュで元気を与えてくれる。MVでは主にスポーツウェアやチアリーダーの衣装を着たメンバーが、パステルカラーのセットを背景に踊っている。

シングルのカップリング曲、満開の花のように華やかな『Pink Lemonade』も人気だったが、TWICEは『Wake Me Up』のほうをセットリストに加え、『Twiceland Zone 2 ：Fantasy Park』の日本公演を開始した。4公演のツアーは大規模な屋内施設を会場としていたが、すでに全公演のチケットが完売。2公演がおこなわれたさいたまスーパーアリーナでは、会場に集まった1万8000人が声を合わせてダヒョンのためにハッピーバースデーを歌った。

ツアーが終わっても、TWICEの日本での活動は終わらなかった。6月半ばには、初めてのカバーシングルをリリース。Jackson 5（マイケル・ジャクソンが若い頃所属していたグループ）の1969年の名作『I WANT YOU BACK』をカバーした。この曲はデジタル配信のみだったが、日本のティーン向け恋愛映画「センセイ君主」（英題"My Teacher, My Love"）の主題歌に起用された。MVは映画風のオープニングクレジットで始まり、レコード店で働くTWICEメンバーが、テレビのオーディションに参加するというストーリーになっている。衣装はレトロなテイストで、はじめは前で結んだワークシャツにロールアップしたネイビーデニム。スカーフをカチューシャのように結んでいるのもかわいかった。オーディションのシーンでは、ラグビーシャツ風のカラフルな短いトップス。テレビ番組のシーンではスーツを着用。オーディションのシーンでは、メンバーがめがねをかけて審査員になりきり、1人2役を演じるという楽しい演出もある。

『I WANT YOU BACK』は、オリジナルほぼそのままのカバーだが、TWICEは生き生きとした歌声で、この曲を自分たちのものにしている。すべて英語の歌詞は初めてだったが、全員がまだ勉強の真っ最中にしてはよく歌えている。英語の歌にもかかわらず、日本でトップ10入りし、「センセイ君主」のキャストと一緒にレトロなセットで歌う楽しいコラボMV

が公開されると、ますます人気が高まった。

初夏にかけての日本での活動はとても充実していて、沖縄ではMVも撮影した。赤墓ビーチの白い砂浜とターコイズブルーの海は、TWICE初の夏のカムバック、7月9日リリースの『Dance The Night Away』にぴったりだった。MVでは無人島に流れ着いたメンバーが目を覚まし、テントを作ったり、背の高いツウィが大活躍してココナッツの実を集めたりする。助けを呼ぶものの、そこはTWICEのこと。楽しむのが最優先だ。踊ったり、バレーボールをしたり、海で泳いだり、パーティーの準備をしたり。本気で救出を待っているようにはとても見えない。

強い日差しを浴びながら海で水をかけ合い、涼しい木陰で休み、夜はのんびり過ごす――MVは、夏の空気感を完璧に捉えていた。フリンジやレイヤードの白いワンピース、サマードレス、水着などの夏らしい服を着て、南国のプリンセスのようにエキゾチックな花を髪に挿し、大ぶりのイヤリングをぶら下げている。チェヨンは夏にぴったりの明るいオレンジに髪を染めており、ジョンヨンはミディアムのブラウンヘアーで、ジヒョは毛先をシルバーにブリーチしていた。そして多くのONCEが気づいてしまった。ジヒョがこんがり日焼けしていることと、それがとても似合っていることに。たちまち、ジヒョの時代が来たという声もあがった。

このMVも公開から24時間で1300万回再生という記録を更新したが、2種類のダンス動画（ビーチで撮影したものと、スタジオバージョン）も大人気で、何十万回と再生された。振り付けはこれまでよりも複雑で、体力も必要とするため戸惑うＯＮＣＥも多かった。ジヒョも「こんなに大変だったことはありません。今までいちばん難しいダンスです」とコメントした。

曲そのものは、陽気な夏らしいダンス・ミュージックだったが、ファンが慣れ親しんだシンプルな既発曲に比べると、やや大人っぽいサウンドに進化していた。ハードエッジなＥＤＭサウンドに、華やかなホルンセクション。ＴＷＩＣＥの元気で明るい歌声と、耳に残るサビも健在だ。ビルボードのK-ＰＯＰコラムニスト・ジェフ、ベンジャミンは、世界でも通用するナンバーだと評価。「今すぐフェスに持っていけるエレクトロなブレイクダウン・ミュージックで、カルヴィン・ハリスやデヴィッド・ゲッタのシングルでもおかしくない」とコメントした。実際、ビルボードのワールドデジタルチャートでは初登場で2位にランクイン。さらに、韓国では初週から1位を獲得（ＴＷＩＣＥのシングルとしては8回連続）。その後、Ｒｅｄ Ｖｅｌｖｅｔの『Power Up』、ＳＨＡＵＮ（ショーン）の『Way Back Home』、ＳＥＶＥＮＴＥＥＮの『Oh My!』、そしてＧＦＲＩＥＮＤの『Sunny Summer』といった２０１8年夏のヒット曲が競い合う中、驚きの57週連続トップ１００内を維持した。

『Dance The Night Away』は、リパッケージEP『Summer Nights』のタイトルトラックでもある。このEPにはそのほかにも、『STUCK』を含んだ『What is Love ?』のすべてのトラックに加え、夏らしい新作2曲も収録。太陽の光が降り注ぐような明るい雰囲気に仕上がっていた。アップビートな『CHILLAX』は、トロピカルなハウス・ミュージックのビート、スティールパン、ラテン風のリズム、そして「心配しないで」と語りかける歌詞、「chill and chill and relax -lax」というゆったりとしたサビで、『Dance The Night Away』と最高に相性が良い。『Shot thru the heart』は、陽気なメロディーとかわいい歌声が詰まったラブソング。この曲ではモモ、サナ、ミナが歌声に負けないくらいかわいい歌詞を書いていた。こうして日本人メンバー3人が作詞に参加したことで、TWICEの楽曲の制作に関わっていないのは、マンネのツウィだけになった。

『Summer Nights』のヒットにより、TWICEのアルバムセールスは合計250万枚に達し、K-POP史上最も売り上げの多いガールズグループとなった。だからといってお高くとまることはなく、TWICEはイベントにも顔を出した。8月には、アイドルスポーツ選手権に出場。競技の合間の待機時間にも運動場の端でダンスを踊り、観客席のファンがどの曲か当て、一緒に歌うという即興のゲームを楽しんだ。そして、JYPの後輩StrayKidsと一緒に、『Dance The Night Away』の振り付けも披露。ファンが撮影した動画の視聴者が200万人にのぼったこの大運動会では、メダルはもらえなかったものの、TWICEは多くの友人やファンを獲得した。

ファンの広がりはいまやコンサートを開催したことのある韓国や日本、タイ、インドネシア、シンガポールといった国だけに留まらなかった。中東では、『Summer Nights』がUAEのiTunesチャートで4位にランクイン。ヨーロッパでは、JYPにコンサートの開催を求める署名活動がおこなわれた。南米では、チリでのTWICEのパフォーマンスの盛り上がりが、K-POP人気を証明したばかりだった。そしてアメリカのファンは、KCON2018の会場となったロサンゼルスのステイプルズ・センターで、ついにTWICEの姿を生で見る機会に恵まれた。集まった観客は韓国系アメリカ人ばかりでなく、年齢も人種もバラバラ。TWICEはステージで何曲かを披露し、ツウィ、ジヒョ、モモの3人はビヨンセの『End of Time』をカバーした。「Twiceland」の予告編のようなステージを見て感動したアメリカONCEは、いつ自国で単独コンサートを見られるのだろうと考えずにはいられなかった。

そして、デビュー3周年の記念日が近づいていた。デビュー前からメンバーとパク・ジニョンが抱いてきた大きな夢。それをこの3年で次々と達成したという事実は、疑いようがなかった。韓国や近隣国では圧倒的な人気を誇り、ナンバーワンヒットを飛ばし、アリーナを満員にしたTWICEは、世界中にファンを増やしつつあった。TWICEの未来は明るかった。ただひとつ懸念があるとすれば、現状のかわいい系コンセプトでいくのか、ガール・クラッシュの要素を増やすかのジレンマだった。韓国と日本のファンの多くは、女子も男子もかわいくて純粋な今のコンセプトに満足していた。一方、ほかの国では、甘すぎるという声も多かった。「Twiceland」の映像を見たファンは、TWICEがセクシーで強い女のコンセプトもできることをよくわかっていたし、そうすればもっと楽曲がパワフルになるだろう。結局のところ、それがヨーロッパやアメリカの歌手のスタンダードなのだ。メンバーが若い間はかわいい系でも良いかもしれないが、マンネのツウィはもう19歳で、最年長のナヨンは23歳。新曲がリリースされるたび、より大人っぽいコンセプトを望む声は大きくなっていった。

だから、新しい日本スタジオアルバムのタイトルトラック『BDZ』のティーザーが8月初めに公開されると、ファンは大騒ぎした。破壊された壁（『BDZ』は「ブルドーザー」の略）の前でポーズをとるメンバーは、精一杯の強気な表情でカメラを見つめている――まさに、タフなかっこいい女性に見えた。衣装は黒とパープルを基調にニーハイブーツ、編み上げのコルセット、レザーのミニスカートを合わせたガール・クラッシュテイスト。唯一、壊れた壁の穴から上半身を見せたグループ写真では、いつものきらきらした笑顔を見せている。

２０１８年8月17日、シングル『BDZ』と、そのMVが公開された。これまでの日本曲に比べれば、キラキラアイドル風の楽曲ではなくなっていたかもしれない。それでも一部のＯＮＣＥは落胆を隠せず――パク・ジニョンにだまされたのではないかと考える人までいた。だが歌詞を聞いてみると、タイトル『BDZ』は、好きな人の心のガードを壊すためのブルドーザーを意味している。この歌詞に合わせてパク・ジニョンが作曲したのは、軽快なビートと心地良いメロディーのエレクトロポップで、ハードエッジとはかけ離れていた。パク・ジニョンは、ＴＷＩＣＥとＯＮＣＥが一緒に歌える「応援ソング」を作ろうとしたとコメントした。確かにこの曲は、リフレイン「Let's go, let's go」のかけ声が響くアリーナが簡単に想像できた。

MVの方向性はまったく違っていた。いつもの明るい色のセットは登場しない。MVの舞台は暗く、憎しみに満ちた世界。6分間の長いMVは、冒頭でイントロダクションを読み上げ、壮大なストーリーに沿って進んでいく。メンバーは悪者に囚われたラブリー（顔と耳がハートの形をしている小さな生き物）を解放し、世界に幸せを取り戻そうとする。リーダーのジヒョが奪還計画を練るが、いざ潜入が始まると、重苦しい雰囲気は一変。どたばたコメディが始まる。ダヒョンとチェヨンは窓からしのびこむのにも一苦労、悪者は監視モニターに映るメンバーに夢中。画面の中では、メンバーがポイントダンスの敬礼ポーズや、「Let's go, let's go」と繰り返すサビを踊っている。サナは悪者を気絶させた後に、カメラに向かってドヤ顔——MVはとても楽しく、救出されたラブリーたちはすごくかわいかった。

TWICEは、9月にさいたまスーパーアリーナでおこなわれた東京ガールズコレクション（TGC）で、他の曲と一緒に『BDZ』も披露した。2005年に始まったTGCは日本最大のファッションショーのひとつで、TWICEは海外アーティストとしては初めてオープニングを務めた。ショーにふさわしいスタイリッシュな衣装は、黒と白を基調にチェックなどを取り入れたデザイン。会場は大いに盛り上がり、TWICEはその後に予定されていた全8公演の日本ツアーに向けて弾みを付ける。

ツアー公演に背中を押される形で、新しい日本アルバム『BDZ』も躍進し、すぐに日本で1位を獲得した。アルバムにはこれまでに発売した日本シングルと『I WANT YOU BACK』に加え、4つの新曲が収録されていた。このうち、とくに印象的だった曲は『Be as

ONE』で、TWICEの強い絆と、メンバーがどれほどONCEを大切に思っているかをつづった感動的なバラードに仕上がっていた。この曲は、TWICEのこれまでの歩みをまとめた5分間の「Document video」（ドキュメンタリー映像）のBGMにも使われている。この映像を見て、多くのONCEが号泣したとコメントした。その他の収録曲——元気いっぱいの『L.O.V.E』、とにかく明るくて楽しい『Say it again』、そして繊細な『Wishing』も根強いファンを獲得し、国を超えて愛され続けている。

2018年10月20日。TWICEのデビュー3周年を記念して、涙と笑いの歴史を振り返る動画が公開され、VLIVEの生配信もおこなわれた（ごはんをたくさん食べながら）。しかし、ここぞとばかりに気持ちを表現したのは、むしろONCEのほうだった。TWICEが自分にとってどれほど大きな存在なのか、ONCEは驚くほど熱心に語るのだった。その言葉からは、ファンが人生の苦難に直面したとき、TWICEにどれほど助けられているかが伝わってきた。TWICEのメンバーがいつも明るくポジティブに人生と向き合い、つらいときにお互いに支え合う姿は、ファンを勇気づけると同時に、インスピレーションの源となっていた。

VLIVEのチャットでメンバーは、1か月の休みをもらえたら何がしたいかそれぞれ妄想した。ずっと寝ていたい、というメンバーもいた。いつも忙しいスケジュールに追われているからだろう。しかし、TWICEに休みはなかった。韓国に戻ったその週に『STAY BY MY SIDE』という美しいナンバー（日本のドラマ主題歌）のレコーディング風景の映像を公開。「知ってるお兄さん」と「アイドルルーム」の収録に参加した。週末には、3周年をONCEと数日遅れで祝うファンミーティングがソウルで開催され、メンバーとスタッフは、恐ろしくも美しいハロウィーンの衣装で登場した。なかでも、ナヨンのキャットウーマン、ジョンヨンのカオナシ（『千と千尋の神隠し』）、ツウィのコープスブライドは完成度が高かった。会場では音源配信に先駆けて、『Be as ONE』と『BDZ』の韓国語バージョンが披露された。しかし、ファンミーティングに集まったONCEが何より気になっていたのは、事前にTWICEが投げかけていたある問いの件だった。

数日前から、地下鉄の駅に、「TWICEは好きですか？ YES or YES」と書かれた広告が登場。新曲『YES or YES』と、同じタイトルのEPのカムバックがスタートしていた。前回でこりたONCEは衣装を深読みしすぎないようにしていたが、2種類のティーザー写真では、メンバーがハイエンドブランドのややエッジィなアイテムを着用している。ダヒョンはアニマル柄のワンピース、ジョンヨンは短めのデニムジャケット、ミナはゼブラ柄のミニスカート、そしてツウィは黄色のシルクにピンクのチュールを重ねたドレス……。

新曲『YES or YES』の作曲家チームには、『Heart Shaker』も手がけたデイヴィッド・アンバーが名を連ねていた。もともとは『TLC』（tender loving care の略で、思いやりという意味）というタイトルで別のアーティスト（名前は明らかにされていない）が使う予定だったが、結局見送られたことがわかると、JYPが再びアンバーに声をかけたのだった。『YES or YES』は、ダイナミックなポップミュージックで、モータウン、レゲエ、ヒップホップなどのサウンドをベースに、いつものTWICEらしいスタイルが展開する。キュートなかけ声、かわいいメロディー、そしてキャッチーなサビ。今までと違うところがあるとすれば、ミナの英語のセリフで始まること。そしてミナだけでなく、ジョンヨン、ツウィ、モモのパートが増えたことだった。いずれにしろ、この曲もまた、楽しくて踊りだしたくなるようなTWICEのヒットナンバーになることは間違いなかった。

ハロウィーンが近づいていたこともあり、MVはちょっと不気味なシーンで始まる。ジョンヨンの運転する車が（ブルドーザーでの活躍に引き続き、ここでもドライバー役だ）「TWICE SQUARE」に到着すると、それぞれのメンバーが、〝神秘的〟な設定で登場する――占い師に扮して水晶玉をのぞきこむミナ、運命のルーレットを回すサナ、フォーチューン・クッキーを手にしたツウィ。そしてTWICEは恋の相手に、あなたも私を好きになるしかないと告げる。

MVでは、メンバーの美しい顔が何度もアップになる。完璧な肌、ピーチカラーのアイシャドウやラメで彩った目に、カラコンをつけた吸いこまれそうな瞳。ジヒョは髪をボブにし、今ではジョンヨンより短くなっていた。さらにONCEを驚かせたのはダヒョンの髪色で、ピンクとパープルのグラデーションはまるでプリンセスのようだった。グループダンスのシーンでは、ティーザーと同じスタイリッシュな衣装を着用している。チェヨンはMIU MIUの赤×黒のチェックプリーツスカート、ナヨン、モモ、サナはVERSACEのチェックのアイテム、そしてジヒョはストラップの付いた赤いチェックのパンク系ワンピース……。

アメリカの雑誌「PAPER」のインタビューで、ジヒョは「ファンのみなさんにいつもとは違う姿をお見せするため、時間をかけて一生懸命準備しました。曲のコンセプトでも、激しいパフォーマンスでも、新しい一面を表現したいと思っています」と語った。TWICEは「大人」になったのだろうか？　一部のONCEは、今回のカムバックはいつもより大人っぽいコンセプトで、強気な『YES or YES』の歌詞は、明らかにこれまでの曲の純粋無垢なアプローチとは違うと主張した。ただ、曲調が明るく楽しいままなのは議論の余地がなく、ボーカルには子どもっぽい響きも残っていた。ただ、衣装のスタイルは、JYPがかわいい系コンセプトにシフトする前の『Like OOH-AHH』を思い出させたし、振り付けも明らかに今までとは違っていた。おなじみの腕をひらひらさせる振り付けだけでなく、力強い、アスリートのような動きも採用されていた。いつもよりヒップホップの要素やウェーブを取り入れつつも、「YES」（OK）ポーズや敬礼などのポイントダンスは引き続き使っている。

新しいかどうかはともかくとして、ファンはこの曲に夢中になった。シングルは韓国の各チャートですぐに1位となり、日本とビルボードのワールドデジタルソングチャートで最高5位にランクインした。公開初日にMVは3140万回再生され、24時間で最も再生されたMVランキングの7位になるなど、TWICE自身の記録も破ることに。EPはさらに健闘し、韓国と日本で1位に輝いた。

ONCEの楽しみは、EPのシングル以外の収録曲で、出番が少ないメンバーの歌声を聞くことだった。モモは、『SAY YOU LOVE ME』で深みのある歌声を披露。ラッパーのチェヨンとダヒョンも、明るい曲調の『LALALA』にはボーカルとして参加した。優しいバラードの『AFTER MOON』でも、ふたりの歌唱力が伸びたことがわかる。作詞のスキルも上達しており、ジョンヨンは『LALALA』、チェヨンはちょっと不思議で陽気な『YOUNG & WILD』の作詞に参加。80年代テイストの『SUNSET』では、ジヒョが詩的な歌詞を書いている。EPでいちばん好きな曲として、この『SUNSET』をあげるファンも多かった。さらに『BDZ』の韓国語バージョンも収録され、TWICEのディスコグラフィーに楽しくて元気の出る曲がいくつも加わることになった。

初開催のMGMA（M2 X GENIE MUSIC アワード）では、TWICEは『YES or YES』で記念すべき最初の The Best Selling Artist 賞（大賞）を受賞した。グアムで無料のK-POPコンサートに出演していたため、MMAには参加できなかったが、MAMAには出演。MAMAは3か国で開催され、TWICEは日本でおこなわれた授賞式で〝グレイテスト・ショーマン〟のコンセプトでパフォーマンスをすることに。サーカスのショーマンの赤いジャケットに身を包んだメンバーは、10分間の才気あふれるパフォーマンスで〝かわいいアイドル〟というイメージを覆した。このステージをきっかけに、多くの視聴者がTWICEこそK-POP史上最高のガールズグループだと確信するようになった。

TWICEは今年の歌賞（『What is Love ?』）と、女性グループ賞で大賞に輝いた。ジヒョの受賞スピーチは感動的で、ファンは涙を流さずにはいられなかった。ジヒョは体力的にも、感情的にも、精神的にもとても疲れていること、メンバーに支えられたことを話すと、ONCEに向けてこう語った。「100回言っても足りない気がしますが、心から感謝しています。たくさんの人が、私たちのステージを見て強さとエネルギーをもらったと言ってくれますが、私たちの強さとエネルギーの源はファンのみなさんです」

CHEERS AND TEARS

「SIXTEEN」のスタートから、モモとツウィの追加合格まで、パク・ジニョンの試みはどれもとても画期的だった。9人のメンバーはグループにそれぞれ異なる個性をもたらし、デビューからの3年で才能を開花させた。ひとたびTWICEが姿を現すと、たとえ空港を歩いているだけでも、大勢のファンが押しかけた。パフォーマンスの動画は、ファンが撮影したものですら、YouTubeで何百万回も再生された。相変わらず、観客の中にはかなりの割合で男性ファンが交ざっていた。

ステージに立っていないときも、TWICEは魅力的だった――VLIVEで、ビハインド動画で、そしてバラエティ番組で。TWICEはいつもキュートに振る舞い、見る人を笑わせた。そして、メンバー同士心から打ち解けていた。ときどきけんかすることも否定はしなかったが、最後には必ず丸くおさまると付け加えるのも忘れなかった。ナヨンが一度、メンバーで言い争いになっても1分以内に解決してしまうと話したことがある。ほかのメンバーも、普段からたくさん会話しているからすぐに仲直りできる、と口をそろえた。メンバーの明るさと思いやりは、毎日の生活に何か楽しいものを求める10代や20代のファンだけでなく、TWICEに共感する何百万人もの人に良い影響を与えた。

TWICEが2018年のクリスマスに発表したシングル『The Best Thing I Ever Did』は、

ピアノの旋律に乗せた美しいラブソング。恋愛のすばらしさを歌ったこの曲は、メンバーのグループに対する気持ちを表現しているのだと解釈したファンも多かった。MVにも、メンバーがこの1年の映像をみんなで見るシーンがある。そう考えると、最後の「変わらないで私たち」という歌詞が、いっそう胸に刺さる。そしてこのシングルに、『YES or YES』の収録曲と『Be as ONE』の韓国語バージョンを加えたリパッケージ盤『The year of "Yes"』が、スペシャルアルバムとして発売。クリスマスの週のチャートで、第2位にランクインした。

2019年初めの数か月は、少し余裕を持ったスケジュール感だったが、それでもONCEを飽きさせることはなかった。『LIKEY』と『What is Love ?』の日本語バージョンがデジタル配信されると同時に、オリジナルを編集したMVも公開。ONCEは2つのMVはどこが違うのか、探して楽しんだ。「TWICE TV」の新シリーズも配信された。大賞はBTSにとられたものの、SMA（ソウル歌謡大賞）にも出席した。アイドルスポーツ選手権では、ダヒョン、チェヨン、ツウィがアーチェリーで銀メダルを獲得した。そして、チェヨンとツウィは高校を卒業し、ついに本物の制服に別れを告げた。

JYPエンターテインメント自体は、とても忙しくしていた。5人組のガールズグループITZYが、2月初めにデビューした。彼女たちはJYPからTWICEの次にデビューする、初めてのガールズグループ。ほかのJYPファミリーとともに、TWICEも後輩のデビューを祝福し、ツウィはやっと「応援できる妹グループができた」と喜んだ。ITZYメンバーがJYPで練習生をしている頃からトレーニングの様子を見ていたし、チェリョンとは「SIXTEEN」で短い間だが共演もしていた。これまで、miss Aを尊敬し憧れてきたように、TWICEもまた、尊敬され憧れられる先輩グループになったのだ。ただし、TWICEとITZYの間には大きな違いもあった。チェリョンは的確にこの違いを説明し、「TWICE先輩はかわいくて美しいですが、私たちはガール・クラッシュな雰囲気と、明るくて若いエネルギーを持っています」とコメントした。ITZYが新たなK-POPの顔になるのは間違いなく、デビューシングル『DALLA DALLA』はYouTubeの再生回数でも音楽番組の勝利数でも次々と新記録を打ち立てた。

その数日後、TWICEはまた別の新グループのデビューに手を貸していた。『BDZ』のMVでメンバーが救出した可愛いキャラクター、ラブリーを覚えているだろうか。この小さな妖精たちが、今度はTWICEの守護神として再登場することになり、その紹介動画が公開されたのだ。アニメ化されたラブリーは、身長が20cmほどで、顔と耳はハートの形をしている。メンバーのそれぞれに対応するラブリーがいて、異なる色や性格を持っていた。ナヨンのラブリーは名前をナブリーといって、水色で明るい性格。ジョンヨンのジョンブリーは緑でクール。モモのモブリーはピンクで頑張り屋さん。サナのサブリーは紫でキュート。ジヒョのジブリーはアプリコットでちょっと恥ずかしがり屋。ミナのミブリーはミントグリーンでおっとりとした性格。ダヒョンのダブリーは白でカリスマの持ち主。チェヨンのチェンブリーは赤でクリエイティブ気質。そして、ツウィのツブリーは青で完璧主義。ラブリーたちは、メンバー本人よりかわいいといってもいいくらいで、ナブリーの前歯、チェンブリーのほくろ、そしてサブリーのちょっと不器用なところなど、チャームポイントも再現されている。チェンブリーとツブリーの身長が同じという設定など、ちょっとした遊び心も込められていた。

2019年3月初め、それぞれのラブリーに見守られて、TWICEは日本に向かった。そこでは、おそらくデビュー以来最も大きなチャレンジが待ち受けていた。初めてのドームツアーが、大阪、東京、名古屋で開催されるのだ。K-POPのガールズグループがドームツアーをおこなうのは、史上初の快挙だった。4万人以上という大きなキャパシティの会場を埋められるのか、メンバーは不安に思ったかもしれない。ツアー名の「#Dreamday」が表しているように、ドームのような大きな会場で公演することは、子どもの頃は、夢のまた夢だった。とくに、日本人の3人の想いは計り知れない。モモは、東京ドームに行けるのは一握りのトップアーティストだけだと言われたことを覚えていた。でも今、モモはその場所に立っている。初めて東京ドームでコンサートをおこなう、K-POPガールズグループのメンバーとして。

心配は杞憂だった。日本でのTWICE人気は留まるところを知らず、日本ゴールデンディスクアワードではミニアルバム『BDZ』とシングル『Candy Pop』が賞を獲得し、2番目の日本語のコンピレーションアルバム『#TWICE2』は、アルバムチャートで1位に輝く。このアルバムは、2011年のKARAの『Super Girl』以来、日本で最も売れたK-POP女性アーティストの作品となった。3大ドームツアー「#Dreamday」のチケットは発売からたったの60秒で完売し、大阪での追加公演が発表された。

コンサート当日は、朝の早い時間から、性別年齢を問わず大勢のファンが会場に長い列を作った。ONCEは、おそろいのペンライトCANDY BONGやスローガン（〝Once Love Twice〟と書かれたものや、ファンが配付したものなど）を手に、大きな声援を送った。セットも大掛かりだった。バックスクリーンに次々と映し出される映像、ファンの頭上を通過するムービングステージ、メンバーの横で一緒に踊る『Candy Pop』のアニメキャラクター、会場を埋め尽くす大勢のバックダンサー、ステージから噴き出す炎。そして、メンバーを乗せてセットの間を移動する何台ものトロッコ。だがおそらく、いちばん会場を沸かせたのは、メンバーを乗せて現れた、巨大なピンクのラブリーだろう。

TWICEのメンバーはもちろん、すばらしいパフォーマンスを見せてくれた。2時間半のコンサートのために用意した30曲のセットリストは、主にヒット曲の日本語バージョンで構成。サブユニットやカバーは今回からなくなっていたが、『Wake Me Up』ではダンスブレイクが追加され、『Only You』はアコースティックリミックスで、『Dance The Night Away』は、大晦日から年明けにかけておこなわれるMBC歌謡大祭典でも披露したスペシャルダンスバージョンだった。

TWICEは「#Dreamday」ツアーを大成功に導き、またひとつ階段を上った。5公演合わせて20万人を動員し、4月6日の名古屋千秋楽は、日本各地の映画館でライブ中継され、さらに多くの人の目に触れた。東京公演では、ITZYのメンバーも会場を訪れ、大勢の観客と同じように感銘を受けていた。公演終了後のITZY公式ツイッターでは、「TWI

CE先輩のステージの一瞬一瞬に感動しました。たくさんのことを学びました。ITZYにとって大切なひとときで、私たちもTWICE先輩のようにすばらしいステージを届けようと決心しました」とコメントした。

前回新曲をリリースしてから、すでに4カ月が経過しようとしていた。ほかのグループにとってはいたって普通のことだが、TWICEにとってはとても珍しく、事実上の休止期間だった。だから、2019年4月7日、アメリカを含むワールドツアーの予定とともにEPとシングルも近くリリースされることが発表されると、ONCEは胸をなで下ろした。まもなく、ティーザーフォトが公開された。クラッシーからカジュアル、ハッピーからセクシーまで、さまざまなスタイルの写真は実にすばらしい。しかし、新しいコンセプトを予想する参考にはならなかった。ONCEが話題にできたのは、チェヨンの金髪や、ツウィが最高にかわいいもこもこの犬を抱きしめていること、そしてダヒョンの新しいブルーグレーの髪色くらいだった。ちなみにダヒョンはカムバックの約束事を破り、うっかり公開前に髪を見せてしまっていた。

EP『FANCY YOU』と、シングル『FANCY』が4月中旬にリリースされると、「TWICEはガール・クラッシュにシフトするのかしないのか」という議論に、ついに終止符が打たれる。『TT』と『LIKEY』のブラック・アイド・ピルスンが再び手がけた『FANCY』は、明らかに、何かが今までとは違っていた。しかし、「TWICE!」のかけ声、新鮮さ、ファンお待ちかねのかわいいサビなどといった必要なものはすべて詰まっている。ただし、ヴァースのシンセサウンドはクラブミュージック風で、歌声はこれまでより力強く、自信にあふれていた。TWICEの新しい面が見たいと思っていた人は、十分にその可能性を感じられたし、いつもの明るい愛すべきTWICEが好きな人も相変わらず楽しめる曲だった。

ショーケースでメンバーは、あえて路線を変更したと認め、これまでのヒット曲を特徴づけていた元気で楽しいスタイルは控えめにしたと話した。チェヨンは「このアルバムは私たちのキャリアのターニングポイントです。新しい側面をお見せしようとしています」とまで言い切ったが、ジョンヨンは、TWICEの特徴である明るいエネルギーはどんなコンセプトでも変わることがないと付け加えた。〝ガール・クラッシュ〟でも〝セクシー〟でもない。それが、TWICEの答えだった——もともとグループが持っていた、さまざまな顔のひとつにすぎないのだと。確かにこれは、今までのアルバムに収録されていた曲の中で、すでにONCEが感じた経験のあるスタイルだった。

音楽そのもの以上に、MVは大きなターニングポイントだった。今までのような明るいセットではなく、全体的に黒っぽい。楽しくて小生意気なシーンの代わりに、ダークで芸術的なショットが増えた。ストーリーはなく、サイケデリックな夜景や、惑星の浮かぶ宇宙を背景に、グループダンスやメンバーのクローズアップが映り、CGの特殊効果もたくさん使われている。歌っているときも踊っているときも、メンバーは自信にあふれ、落ち着いた表情をしている。いつものTWICEの笑顔が見られるのは、なんとサビの部分だけだ。振り付けは、ガール・クラッシュの代名詞ともいえるライバルグループBLACKPINKと仕事をしていたキール・トゥーティンに依頼。ダイナミックでパワフルなダンスは、9人が完璧にシンクロして踊ることで初めて成立するものだった。驚くことに、TWICEはたった2日でこの振り付けを覚えてしまった。

衣装もこれまでより大胆になっていた。赤、黄色、黒のカラーブロックのトップス、ショートパンツ、ワンピース、そして白いスニーカーというスタイルは、これまでのMVにも登場していたかもしれない。だが、艶のある黒のワンピースやセットアップにチョーカー、チェーン、ファスナー、スタッズを合わせたスタイルはとてもセクシーだった。とくに最後のシーンの衣装は今まで着たどのアイテムより大人っぽく、レトロで挑戦的だった。ミナのVERSACEのモチーフドレス、ツウィのピンクと赤のツートンカラーのワンピース、ダヒョンの艶やかなライトブルーのミニドレス。そして、最もよくコンセプトを表現していたのが、チェヨンが着用したネオングリーン×黒のハウンドトゥース・チェックの短いトップスとベルボトムパンツだ。

シングル『FANCY』が、かわいいだけのTWICEからの脱却という賭けに出ていたとすると、EP『FANCY YOU』の内容はどうなっているのだろうか。イギリス英語で「あなたが好き」という意味のタイトル自体、とてもストレートで大胆だ。明るい元気な音楽をやめたわけではないとしても、今回は脇に置かれているように感じた。さまざまなスタイルの音楽に挑戦した4曲は、メンバーはいつもより自然な声域で歌っていて、歌詞もストレートだった。『STUCK IN MY HEAD』という曲は、いつものTWICEらしさがとてもよく出ている。TWICEを象徴する要素が詰まったダンス・ミュージックでありながら、強気で切迫感があった。ONCEの中には、コンセプトの転換という方針がなく、『FANCY』がこれほどキャッチーでなければ、『STUCK IN MY HEAD』がタイトル曲になっていただろうという人もいた。

TWICEのメンバーが作詞に参加した曲もある。ジヒョの『GIRLS LIKE US』は夢を追いかけることについて歌った曲で、10年間の練習生期間の経験が反映されていた。作曲にはCHARLI XCXも参加し、欧米のポップスに近いナンバーに仕上がっている。モモが作詞したのは、中毒的なベースラインを持つ、いたずらっぽく陽気な『HOT』。サナが参加したのは、ファンキーで楽しい『TURN IT UP』。チェヨンが作詞した、軽快でちょっと不思議な『STRAWBERRY』(イチゴはチェヨンの大好物)は、もっと甘い曲にしようと思えばできたかもしれないが、R&Bテイストのしっとりとした曲になっている。

いちかばちかのコンセプトチェンジは、かなりうまくいった。『FANCY』は韓国で3位、日本で4位にランクインし、MVは公開初日に4200万回再生され、再び記録を更新した。『FANCY YOU』は日本で1位を獲得。韓国では惜しくもトップを逃したが、それは圧倒的王者BTSのせいだった。興味深いことに、『FANCY YOU』は当時アメリカで最も売れたTWICEのアルバムとなり、ギリシャ、ドイツ、ブラジル、メキシコなどアジア以外の25か国以上のiTunesチャートでも上位にランクインした。

『FANCY』のプロモーション活動期に、TWICEが音楽番組で見せたパフォーマンスはとても特別なものだった。「Mカウントダウン」のカムバックステージでは、MVと同じ印象的な衣装を着用。まず目を引いたのは、髪をピンクのセンターパートのボブにして、例の衝撃的な緑と黒のチェックのスーツを着たチェヨンだ。そのほかのメンバーのスタイリングも、ファンを虜にした。ジョンヨンはデビュー以来初めてのロングヘアー、ダヒョンはデニムのような青い髪（今回はフライングしなかった）。ミナは高い位置でポニーテールにし、前髪を作っていた。金髪ロングヘアーのサナは、ぴったりとしたシャネルのツーピースを着て踊り、視聴者を魅了した。

メンバーは音楽番組に出演するたびに、次々とスタイルを変えた。黒一色でセクシーに、白いスーツでパワフルに、薄いピンクでかわいらしく、そしてグレーと白のピンストライプのスーツでスマートに。音楽番組で4勝し、「Mカウントダウン」では満点を獲得した。これまでに満点をとったことがあるのは、EXO、BIGBANG、SHINee、BTSといったボーイズグループだけで、ガールズグループとしては初めての快挙だった。

5月2日、公式ペンライトCANDY BONG Zがリニューアル発売された。白いハンドルはそのままだったが、光る部分は黒の背景にTWICEの「T」のロゴがあしらわれたデザインに変更。以前のペンライト同様、公式カラーのアプリコットとネオンマゼンタに光らせることができたが、今回はさらに、メンバーカラーにも対応していた。そのほかにもさまざまな点灯パターンがあり、コンサートではBluetoothの遠隔操作を通じて、観客全員が同じ色で光らせたり、席番号を利用して模様やウェーブを作ったりすることもできる。

手に入れたCANDY BONG Zが活躍する機会は、すぐにやってきた。TWICEのワールドツアー「Twicelights」だ。JYPの発表によれば、TWICEは世界でアルバム600万枚を売り上げており、その半分が韓国国内でのセールスだった。ワールドツアーは、ホームでもあるソウルからスタート。ソウル公演は、オリンピック公園内の巨大なKSPOドームで2日間にわたって開催された。日本でおこなわれた「#Dreamday」とはまったく異なる内容だったが、規模とセットは大きな夢を叶えたドームツアーに匹敵するものだった。

チケットは両日とも完売。KSPOドームに集結した1万人のラッキーなONCEは、「Twicelights」でTWICEのさまざまな側面を知ることができた。コンサートはカラーの異なる6つのセクションに分かれ、その雰囲気に合わせた衣装や楽曲のスペシャルリミックスバージョンが登場した。オープニングは、全身黒のガール・クラッシュなスタイルで、パワフルなロックバージョンの『STUCK IN MY HEAD』、『CHEER UP』、『Touchdown』を披露した。それから、美しい白いドレスに着替えてバラードを歌う。そして『Heart Shaker』のアレンジバージョンが途中で終わったかと思うと、まだ観客が歌いつづける中、メンバーは赤い衣装に着替え、後半をセクシーバージョンで再開した。

セットは「Fantasy Park」や「#Dreamday」ほど凝ったものではないものの、メンバーのパフォーマンスが生きていた。また、「Twicelights」では、サブユニットのスペシャルステージが復活。サナ、ダヒョン、ツウィは、ビヨンセの『Dance for You』(ツウィの好きな曲のひとつ)に合わせて色っぽいダンスで魅せた。モモとジヒョは、テミンの『Goodbye(さよならひとつ)』に合わせてダンス。クールで表現力あふれるパフォーマンスは、すばらしいの一言だった。チェヨン、ナヨン、ミナ、ジョンヨンは、レディ・ガガの『Born This Way』をカバーしたが、このLGBTの人たちから共感を集めている曲を選んだのは、彼女たちにとって勇気ある選択だった。これから訪れるツアー開催国の一部では、まだそうした話題がタブー視されていたからだ。

これまで通り、ONCEは自分たちに課せられたクイズやダンスなどのミッションを無事クリアし、アンコールにたどりついた。TWICEは、ヒット曲のメドレーをオリジナルバージョンで歌った。『FANCY』には、ダンスブレイクのロングバージョンというおまけがついていた。そして、最後の『STUCK』の前に、ほかのコンサート同様、メンバーは心のこもったMCでファンに気持ちを伝えた。ソウル公演2日目のサナのコメントはとくに感動的だった。その月の初め、サナはグループの公式インスタグラムの投稿で、日本の天皇が譲位して新しい令和の時代が始まったことに触れた。すると韓国人の間で、サナの表現を問題視し、韓国に対して配慮を欠いていると批判する声が一部上がった。サナはコンサートでこのことに触れ、涙をぬぐいながら、どんなときもONCEが味方でいてくれることへの感謝とONCEへの愛を伝えた。

その後、ツアーはタイのバンコク、フィリピンのマニラへ。ONCEが万華鏡のような「Twicelights」を楽しんでいる間、TWICEの2面性を表す2つのシングルが日本でリリースされた。1曲目の『HAPPY HAPPY』は、4月から放映中のTWICEが出演する清涼飲料水のCMソングとしても使われていた。クラップ音を使ったビート、陽気なメロディー、「HAPPY HAPPY」という歌詞の繰り返しなど、楽しい空気が詰まった夏のナンバーだ。ハワイをイメージしたMVはカラフルで、笑顔とカワイイがあふれている。ツインテール、グラフィックTシャツ、ショートパンツ姿で楽しそうに過ごすいつものTWICEだ。

2曲目の『Breakthrough』は、『HAPPY HAPPY』の姉妹曲だとすれば、クールな大人のお姉さん。歌いやすいメロディーやキャッチーなサビはまさにTWICEだが、いつもより控えめで、高すぎない自然な音域になっている。クラップもスネアも使わず、シンセサウンドをちりばめた間奏とメンバーのハーモニーが続く。MVはわざと『HAPPY HAPPY』に似せているが、紫のライトで夏の夜の雰囲気を演出。メンバーはエッジィな黒の衣装や白のパワフルなスーツを着用し、髪はまとめ、エレガントなイヤリングをつけている。笑顔は見せたとしても一瞬で、大人っぽく謎めいた表情が多い。

JYPはこの2曲を2週連続で発売して、どちらのコンセプトが人気か確かめようとしたのかもしれない。だとすれば、なんの答えも得られなかった。どちらの曲も日本のオリコンチャートで2位にランクインし、8月にはプラチナ認定（25万枚セールス）を受けるほど人気を集めたからだ。ただ、『Breakthrough』はTWICEの日本語曲の中で最高だと、海外のONCEの間で意見は一致した。

シングルのリリースとほぼ同時期に、ONCEはとてもショッキングなニュースを受け取る。JYPが「ミナはステージ上でパフォーマンスすることに突然強い不安と緊張を覚えるようになったため」、シンガポールとアメリカの「Twicelights」公演には参加しないと発表したのだ。たちまち、SNSには「#GetWellSoonMina（ミナお大事に）」のハッシュタグがあふれ、ONCEはアイコンの周りに緑色（ミナのメンバーカラー）の枠をつけて、応援の気持ちを表した。

ミナのことで動揺し心配もしたが、ファンは事務所の対応を評価してもいた。2017年12月にSHINeeのジョンヒョンが自ら命を絶った悲しい出来事は、若いK-POPスターたちが重いプレッシャーを背負っていることを印象づけていた。「K-POPの闇」というフレーズが、芸能事務所がアーティストのメンタルヘルスに配慮していないことを指して使われるようになっていた矢先のこと。今回のJYPの決定は、スターを守るための行動と受け取られた。

シンガポールでは、TWICEは8人だけで「Twicelights」のステージに上がった。ミナがいなくて寂しいのは痛いほど伝わってきたが、それでもメンバーの仕事はさすがプロ。歌割りと振り付けを調整して、切れ目のないパフォーマンスを見せた。ONCEも、ミナの存在を忘れていないことを懸命にアピール。『AFTER MOON』が始まると、ファンはペンライトの色をミントグリーンにしてミナへの愛を表現した。そして、コンサートでスクリーンに映しだされた現地ファン制作の動画には、インタビューを受けるミナの映像がしっかり入っていた。この映像を見た8人のメンバーは涙し、最後のコメントではみな感情をあふれさせた。チェヨンは「ファンのみなさんと同じように、私たちもミナがいなくて寂しいです。ONCEからもたくさんのエネルギーをもらっていますが、9人いてこそのTWICEです」とまとめ、ダヒョンは泣きながら、「9人で戻ってきます」と誓った。

FEEL SPECIAL

2009年、BoAとWonder GirlsがK-POPスターとしては初めてビルボード200とHot 100にチャート入りした。それは韓国のアーティストにも、アメリカが扉を開いたかのように見えた瞬間だった。Wonder GirlsはJonas Brothersのツアー公演でパフォーマンスし、少女時代は「レイト・ショー・ウィズ・デイヴィッド・レターマン」に出演。BIGBANGや2NE1などのK-POPグループも、次々とアメリカのポップス界に挑戦した。しかし、ほとんどが挫折に終わる。PSYの2012年のヒット曲『江南（カンナム）スタイル』は本当の意味でのK-POPではないが、英語以外の曲がアメリカで受ける可能性があることの証明にはなった。そこに現れたのが、防弾少年団（BTS）だ。2018年、BTSは再び重い扉をこじ開け、コンサート会場を満席にし、トーク番組に出演し、『Fake Love』や『Boy with Luv』をチャートのトップ10に送り込んだ。

TWICEも、デビューしたときからアメリカのK-POPファンの間で人気があった。『TT』は3万枚を売り上げ、『Twicetagram』はビルボードのワールドアルバムチャートで1位に輝く。そして、『FANCY YOU』はさらに大きな成功を収めていた。2019年は、「Twicelights」のアメリカ公演を開催するのに最適のタイミングかと思われた。しかし、同じ頃、BLACKPINKは『Kill This Love』がトップ50に入ったにもかかわらず、4月のツアーのチケット売り上げが振るわないという事態に陥っていた。TWICEはといえば、いまだビルボードHot 100に入った曲はなく、欧米アーティストとコラボしたこともなく、ミナも戻ってきていない。

そんなTWICEにとって、アメリカ進出の機は熟していたのだろうか? 答えはYESだった。2019年7月、1万1000人のONCEがロサンゼルスの有名なザ・フォーラムを満員にした。ほかのどの国にも負けないほど熱狂的にかけ声を叫び、ペンライトCANDY BONG Zを振った。アメリカのファンは韓国語の歌詞を聞きとろうと必死に耳をすまし、TWICEもなるべく英語で話そうと努力した。ミントグリーンの光の海が会場に広がり、「ミナ! ミナ!」と叫ぶ声が響き、メンバーはミナの分のスペースを空けて集合写真を撮った。もちろん、ミナの存在も忘れられてはいなかった。

その後、TWICEはメキシコシティにも立ち寄った。パラシオ・デ・ロス・デポルテスは、メキシコでK-POPガールズグループがコンサートを開催した中で最も大きな会場であるにもかかわらず、チケットは完売していた。TWICEを温かく歓迎し、大きな声援を送ったメキシコONCEは、同じだけの愛をTWICEから受け取った。チェヨンは、大好きな画家フリーダ・カーロの国であるメキシコを訪れるのが夢だったと語った。モモは、メキシコONCEが歌に合わせて踊るのを見て驚き、世界でいちばんダンスがうまいと称賛した。

再びアメリカに戻ると、ニューアークのプルデンシャル・センターがTWICEを待っていた。ここはKCONでもパフォーマンスしたことのある会場だったが、今回は2万人の観客全員がTWICEを見るためだけに集まるのだ。ここでも、大興奮のONCEが熱い声援を送ったが、もうひとつ目立っていたのは、大量のレインボーフラッグやスローガン。とくにそれらはレディ・ガガの『Born This Way』のパフォーマンス中に多く見られた——幅広いファン層を誇るONCEの中には、LGBT+の人々もかなりの割合を占めていた。

アメリカ公演の最後の目的地はシカゴだった。JYPが事前に人気度を調査したかどうかはわからないが、ここでもTWICEは熱烈な歓迎を受けた。ラジオやテレビでの宣伝がなくても会場を満席にし、パフォーマンスで観客を盛り上げることができるのが証明された。ジヒョは、そう遠くない未来にまた戻ってくると約束した。アメリカONCEは、すでに次のコンサートが待ち遠しくて仕方ないようだった。こうして、立て続けに「Twicelights」の公演をおこなったTWICEだったが、まだもうひとつ、果たすべき約束が残っていた。実は、前年に予定されていたマレーシアのクアラルンプールでのコンサートは、直前で中止になっていたのだ。残念ながらTWICEは、必ずまた来るという言葉を残して帰国しなければならなかった。デビュー直後からTWICEをずっと応援していたマレーシアのONCE。マレーシアは、ファンがとくに多い国のひとつだった。この年にようやく実現したコンサートで、メンバーはやっとマレーシアONCEの前で感動的なステージを披露することができた。最後にダヒョンはミナについて、こうコメントした。「ミナは来ることができませんでしたが、ファンのみなさんのペンライトの光のおかげで、ミナもずっと一緒にいるように感じられました」

韓国では——そして世界中でも——ONCEは別のニュースで騒然としていた。ニュースのほかにゴシップも扱う韓国メディアDispatchが、ジヒョと元Wanna Oneのメンバー、カン・ダニエルの熱愛をスクープし、2人の事務所がそれぞれ事実と認めたのだ。K-POPスターの恋愛は珍しい。それは過密スケジュールでそんな暇がないという理由も大きいが、熱愛報道がタレントのイメージを低下させると事務所が考えているためでもある。契約で恋愛を禁止する会社もあるが、JYPとTWICEの間にどのような取り決めがあるかは、はっきりとは知られていなかった。ただ、メンバーは以前、デビューから3年は恋愛を禁止されていると話していた。このルールに従えば、もうジヒョは自由に恋愛することができ、Wanna Oneは1月に解散していたから、カン・ダニエル側にも問題はない。アイドルの恋愛を裏切りと考えるファンもいるが（とくに隠れて交際していた場合）、多くのONCEはニュースを好意的に受け止め、2人を祝福するだけでなく、SNSを通じてほかのファンにも新しいカップルを応援するように呼びかけた。

ジヒョの熱愛報道は、TWICEの変化の予兆のひとつにすぎなかった。2019年6月14日、ツウィが20歳になったことで、メンバー全員が10代に別れを告げた。依然として多くのONCEは、純粋でかわいいコンセプトやバブルガム・サウンドを愛していた。だが、メンバー自身がしっくりくると感じるイメージや音楽スタイルへと進化するべきときは、すぐそこにきていた。新しいEP『Feel Special』は、そのためのステップのひとつ。TWICEは、一からすべてを作り替えるのではなく、元から持っている大人の部分をもっと見せようとしていた。

『Feel Special』のティーザーは、写真も個人動画も、エレガントな雰囲気に満ちていた。ゴールドをちりばめ、メンバーは豪華なイヤリングやアクセサリーを身につけている。しかし、ONCEがいちばん気にしていたのはそこではなかった。まず、ミナがレコーディングとMV撮影に参加したこと。リリースの前の週に現れた2つのニュースに、話題は集中していた。

ONCEは歓喜した。プロモーションやパフォーマンスは引き続き欠席するが、自分の意志でEPに参加することを選んだという。ミナの復帰ほど重大ではないものの、もうひとつのニュースはモモがおでこを出したことだった。ティーザー動画が公開され、デビュー以来、初めてモモが前髪のない姿を見せると、これに関連したワードが世界中でトレンド入りした。そのほか、ジョンヨンはショートヘアに戻し、サナは綿菓子のような淡いピンク色の髪でロックミュージシャンのようなスタイルを見せていた。ツウィは、茶、黒、グレーのグラデーションのウェーブヘアーに花などの飾りがたくさんついた冠をかぶり、世界中のファンから女神と呼ばれた。

シングル『Feel Special』の歌詞は、今までのTWICEにはない新しい方法で書かれていた。パク・ジニョンは、「SIXTEEN」以後の4年間で感じたことやつらかったことについてメンバー1人ひとりと話し合い、歌詞に反映させた。世界から隠れたいと歌うミナのヴァースは、とくに胸に刺さった。しかし、さまざまな困難に直面してきたにもかかわらず、歌詞は決して暗いものではなく、友情と愛の力があれば、必ずトンネルを抜けて光が見えると歌っていた――それは、『Feel Special』を聞く人にとっても、つらいときに支えてくれる希望のメッセージだった。

この大切なメッセージを確実に届けられる音楽を作曲したのが、スウェーデンの作曲家Ollipopと、オーストラリア人のヘイリー・エイトキンだ。直球のダンスナンバーで、余計な小技は使わず、シンセコードとヘビーなベースを重ねてシンプルに仕上げている。ボーカルを担当したチェヨンとツウィの胸に迫る歌い出し、ミナの美しく繊細で心に響くヴァース。そして、サナ、ジヒョ、ナヨンが力強いサビを歌うと、ダヒョンがいつもより激しいラップで引き締める。今回は、バブルガム・ポップの弾けるようなサウンドも、繰り返される歌詞もなくなっていたが、代わりに本格的な低めの音域の歌声と、豊かなハーモニーがあった。歌い出しは、これは本当にTWICEの曲なのだろうかと感じるかもしれないが、サビに入ると、これまでにない勢いのあるキャッチーなメロディを聞くことができる。

曲と同じくらい、MVも壮大だった。曲のテーマを表現するとともに、メンバーの性格、とくにその繊細さも表している。ほとんどのシーンで、メンバーは1人きりで登場し、それぞれ異なるスタイルの衣装を着て、何らかの意味で囚われた状況を表現していた。美しい白のドレスを着たミナは、ミントグリーンのネオンが光る森をさまよっている。チェヨンは近未来風のメタリックなパンツと短いトップのセットアップを着て、誰もいない白いタイル張りのドームの中にいる。豪華な花柄のドレスに身を包んだお人形のように美しいツウィは、ドールハウスに閉じ込められている。彼女たちの憂鬱が晴れるのは、ほんの一瞬――スペシャルな友人に会えたときだけ。チェヨンはミナに出会い、モモはドールハウスの窓をのぞきこんでツウィに目を奪われ、ナヨンはジヒョにほほえみかけ、ダヒョンはONCEを表したTWICEカラーの傘を持って雨宿りするサナに近づく。ジョンヨンだけがペアにならないが、ほかのメンバーに加わって全員がそろうとやっと笑顔を見せる。

ストーリーに加え、ゴージャスな衣装と画面にあふれるゴールドとシルバーの輝きは、すばらしい視覚効果を生みだしていた。モモの黒いレースのロングドレスも、ダヒョンの装飾のついたカウボーイ風ジャケットも、ジヒョの2段リボンのミニワンピースも、ダンスシーンのMarchesa Notte（マルケッサ・ノッテ）のロングドレスも息を飲むほどの美しさ。長く連なるフープイヤリング、シルバーのヘアクリップ、クリスタルとパールのネックレスに、ガラスのように光るツヤ肌、リップグロス、そしてラメのアイシャドウ。MV全体が今までになくキラキラしており、メンバーの美しさをさらに引き立てていた。

TWICEの方向性とイメージの進化は、EP『Feel Special』に収録されたほかの曲からも見てとれる。タイトルトラックと『Breakthrough』の韓国語バージョンを除くすべての曲で、メンバーが作詞に参加。『Feel Special』もある意味でメンバーが歌詞に貢献した曲だ。JYPはアーティストに作詞や作曲をさせる事務所と思われてはいなかったが、今回は9人全員が作詞家として制作にも携わっていた。ハウス、EDM、それにヒップホップの要素が少し混ざった音楽スタイルは相変わらずだが、雰囲気は確実に大人っぽくなっていた。アップビートな明るさはそのままに、かわいさや陽気さは以前よりトーンダウンしていた。

ここでもTWICEは、シングル以外は一度聴いたら満足してしまう曲ばかりのグループではないことを証明した。カップリングといわれる曲たちも、決して数合わせのために収録されているのではない。ナヨンがファンを思って詞を書いた『RAINBOW』は、フェイクや高音（誰かはわからないが完璧なホイッスルボイスも）、印象的なバックコーラスとともに、「あなたはなんでもできる」というメッセージを力強く伝えている。ジヒョの『GET LOUD』はアンチに対する警告がテーマ。怒りをエネルギーに変え、自信を持つことについて歌ったリズミカルな曲だ。

『TRICK IT』は、作詞を担当したダヒョンによると、大切な人に罪のない嘘（うそ）をつくことについて歌った曲で、新しいTWICEサウンドの好例だ。速いテンポと変化するビート、本物のグルーヴ感を持つ一方、ボーカルは「ah－ha ah－ha ah－ha」のサビさえも控えめで、なめらかかつ洗練された雰囲気に仕上がっている。そして多くのONCEが、この曲をEPのベストソングに選んだ。モモが作詞した、愛と憎しみをテーマにした曲『LOVE FOOLISH』も人気だった。これはベースの低音が響き、シンセサウンドがぶつかり合うダンスナンバーで、MTVが選ぶ2019年のK-POPアルバム収録曲ランキングで1位に輝いた。

『21：29』は、メンバーでさえショーケースでタイトルの読み方が分からなかった曲だ。サナが会場のONCEに決めてもらった結果、「イイリグ」（韓国語でニ、イチ、ニ、キュウ）と読むことになった。この曲名は、フィリピンでのコンサートの後に、メンバーがそれぞれ書いた歌詞を持って集まった時刻を表している。そして歌詞の内容は、デビューしてからそれまでに受け取ったファンレターへの返信になっていた。ミナの活動休止はグループ内だけでなく、ONCEとの絆もより強めたようだった。ダヒョンとチェヨンもボーカルとして参加した美しいバラード『21：29』には、そのことがよく表れている。

メンバーにとってEPのテーマは、お互いがどんなに自分を「特別な気持ち（Feel Special）」にさせてくれる存在なのかを言葉にする良い機会になった。ファンは早くからそのことに気づいていたが、TWICEはその長所をまだ十分には表現しきれていなかった。「BuzzFeed」のインタビューで、チェヨンがこの内容をきれいにまとめた。「自由な時間があるときは、メンバーで一緒に過ごすのが好きです。私たちの間には、強い絆があると本当に感じることができます。お互いの気持ちや感情をよくわかっているからです」――TWICEは、音楽で自分を表現する機会を積極的につかみに行っていた。MTVもこの変化に気づき、EPを「TWICEが元気にサビを歌う以上の才能を持っていることの証」と評価した。

ミナはまだステージに上がれていなかったが、JYPはこの状況に最大限配慮して対応していると称賛されていた。ショーケースでは、ジヒョが首を痛めて椅子に座って参加したため、7人で踊らなければならない場面もあった。幸いなことに、音楽番組でのプロモーション期間までにはジヒョは回復し、今回もダンスの鬼才キール・トゥーティンが手がけた振り付けを披露することができた。激しいダンスが続く振り付けは、力強さと、腰や腕のすばやい動きが特徴だ。TWICEのシンクロ率には、ライバル事務所SMの有名な振付師ミホーク・バックも感心し、インスタグラムで『Feel Special』のダンス練習動画をコメント付でシェアしたほどだった。

ショーケースでのパフォーマンスを終えると、ナヨンは「いつもはチャートの順位やCDの売上が気になるが、今回はメッセージを伝えられただけでとても嬉しい」とコメントした。そもそも心配する必要などなかった。シングルとEPは、リリース当日に韓国で1位を獲得したのだ。その後、順位は下がり、それまでのヒット曲ほどは振るわなかったものの、海外では高く評価された。アルバムは22か国のiTunesチャートで1位となり、ブラジル、フランス、スペイン、オーストラリア、イギリスなどでもトップ10に入った。さらに、iTunesのワールドアルバムチャートでも1位を獲得。『FANCY』でTWICEに出会った人の多くが、今や熱心なファンになっていた。

プロモーションは2週間ほど続き、TWICEは音楽番組で7勝した。しかし、ONCEにとってもっとすばらしい出来事が、活動期間後に待っていた。2019年10月20日、デビュー4周年の記念日をONCEと祝うため、ハロウィーンをテーマにした特別なファンミーティングが開催されたのだ。例年通り、TWICEは工夫を凝らして仮装していた。

ツウィのマレフィセント、チェヨンのシザーハンズも喝采を浴びたが、とくに笑いを誘ったのは、「アラジン」の青いランプの精ジーニーに変身したダヒョンで、口ひげやあごひげまで完璧に再現していた。しかし、ＯＮＣＥの目は、１人仮装せずにまぎれているメンバーの姿に釘づけだった――ミナが、会場に姿を現していた。

感謝の気持ちを伝えるため、体調を押してステージに上がったミナの気持ちに、ＯＮＣＥも大きな声援で応えた。ミナはダンスには参加しなかったが（ステージの端で同じ振り付けを踊ることはあった）、『FANCY』と『Feel Special』では歌声を披露した。前に出てＯＮＣＥに感謝の言葉を述べると、すぐに涙があふれてしまったミナをメンバーが抱きしめた。お祝いのケーキが出てきたときは、ミナはすでにステージを降りていたが、ミナなしでロウソクを吹き消すわけにはいかない。サナは走って、ミナを呼びにいった。短い間ではあったが、ＴＷＩＣＥが再び全員そろった瞬間だった……。

MORE&MORE

TWICEは、『Feel Special』のプロモーションを早めに終え、間近に迫った日本行きの準備をしていた。日本では新アルバム『&TWICE』の発売に合わせ、5都市10公演のツアーをおこなう予定だった。コンサートのコンセプトは"happy happy"になるのか、それとも"breakthrough"になるのか——かわいらしさを前面に押し出すのか、それとも大人っぽいサウンドでいくのか? アルバムに先駆けてリリースされたシングル『Fake & True』が手がかりだとすれば、答えは後者だった。『Fake & True』は生粋のシンセサイザーポップで、90年代のハウス・ミュージックのビートと華やかなブラスサウンドが特徴だった。自分に忠実であれというメッセージは、『Feel Special』にもつながる。MVも最高だった。メンバーはきらびやかな衣装やデザイナーブランドのアイテムを身につけ、すべてがラグジュアリーに演出されている。嘘発見器や、幻のように登場する小道具(鏡、VRカメラ、マスク、絵画など)、アダムとイブの引用をポイントにしつつも、ほとんどのシーンがとてもゴージャスだった。

『Fake & True』は、日本ツアー「Twicelights」のステージでも披露された。コンサートは満席で、チケットの申し込みは100万件を超えた。アルバム『&TWICE』は札幌、千葉、大阪、宮城公演の終了後に発売されたため、これらの地域でコンサートに参加したファンは、リリースに先がけて曲を聞くことができた。アルバムには新曲が7曲収録されている。

そのすべてが『Feel Special』収録曲のクオリティに匹敵するわけではないが、日本曲だからといってスルーした海外ONCEはもったいないことをしたと言えるだろう。まず、『What You Waiting For』は全編英語の歌詞で、メンバーの低めの音域を存分に楽しめた。『Stronger』は聞く人を勇気づけるメッセージがこめられた曲で、挫折を乗り越えることについて歌っている。『How u doin'』は失恋がテーマで、チェヨンが作詞作曲に参加。メンバーが作詞と作曲両方にかかわるのはこれが初めてのことだった。以前のTWICEのかわいいコンセプトを懐かしむファンのためには、キャッチーな『POLISH』が用意されていたし、バラード『The Reason Why』もTWICEらしさにあふれていた。

ハロウィーンパーティーには姿を見せたものの、JYPは日本ツアーにミナは出演しないと発表していた。事務所は驚くほど細やかにこの事態に対応した。パフォーマンスに参加するかどうか、そしてどんな形で参加するかもミナ自身が選択することができるし、コンサートの当日に決めてもかまわないと強調していた。コンサート初日、札幌の会場に集まったファンは、ミナの不在ははじめから覚悟していたが、さらにチェヨンまでもが体調不良のため欠席すると知り、大きなショックを受けた。

札幌公演が始まると、7人のTWICEしか見られないと思っていたONCEの前に8人目のメンバーが現れた。観客たちは驚きながらも、一瞬でそれがミナだと気がついた。これには、会場のONCEも大興奮。しかも、ミナは最後までステージに残った。コメントやゲームには参加せず、『Feel Special』や『Born This Way』のスペシャルステージでは、椅子に座って歌った。ナヨンとジョンヨン、バックダンサーたちが手をつないで、座っているミナの周りを回るという場面もあった。しかし、そのほかのパフォーマンスには参加したし、いくつかのナンバーではチェヨンのパートを歌った。数日後の千葉公演では、さらに嬉しい出来事が待っていた。チェヨンとミナが2人とも復帰し、4カ月以上ぶりにメンバー全員がコンサートのステージにそろったのだ。その後はツアー千秋楽まで、ONCEはOT9の復活を満喫した（OTとは、海外のK-POP用語で“one true”の略。〝たったひとつの〟、〝本物の〟といった意味）。

2019年のMAMA授賞式に出席するため、TWICEは12月に再来日した。ミナは不参加だったが、「Everything's All Right」と題したTWICEのパフォーマンスは、『Feel Special』のミナの英語のセリフからスタートした。TWICEの進化についていえば、このステージはグループの変化を強く印象づけるものだった。ビヨンセやマドンナさながらのパワフルさで、メンバーは『Feel Special』のR&Bリミックスバージョンを披露。キラキラ輝くゴールドの衣装に身を包み、ゴールドのニーハイブーツで圧巻のステージを見せた。チェヨンのオープニングからモモとツウィのミラーダンス、ジヒョの力強い動きからナヨンの生歌、そして見ているだけで気分が上がるロングバージョンのダンスブレイク。続けて『FANCY』が始まると、TWICEは楽しく遊び心のあるナンバーもレパートリーからまだ消えていないことをアピールした。その夜の締めくくりとして、TWICEは女性グループ賞を受賞。ちょうどデビューから数えて1500日目に、通算15個目の大賞トロフィーを手にしたことになる。

その年のクリスマスのお楽しみは、少し早めにスタートした。ナヨンとダヒョンは、パク・ジニョンとともに「知ってるお兄さん」に出演。2人は社長と一緒に楽しく踊り、司会者も3人を面白おかしく茶化して番組を盛り上げた。さらには、タメ口でパク・ジニョンと話すようにメンバーをけしかけた。年長者への礼儀を厳しくしつけられている韓国の若者にとってそれは簡単なことではなかったが、とくにダヒョンはノリノリだった。クリスマスシーズンには、さらなる仕掛けが待っていた。ナヨンがついに、アリアナ・グランデの『Santa Tell Me』のカバーをYouTubeで公開（トナカイの角をつけていた）。ツウィはAOAのソリョンとのデュエットで、自信あふれるダンスを見せた。

年が明けると、ゴールデンディスクアワードでもONCEへのサプライズプレゼントが待っていた。ガールズグループとして初めて2年連続でアルバム部門本賞とデジタル音源部門本賞を受賞したTWICEは、初めて生のステージで『The Best Thing I Ever Did』をパフォーマンスした。そして、1月2日には、一部のONCEにとってはもっと重大なニュースが飛びこんできた。モモとSUPER JUNIORのヒチョルが交際しているという事実を双方の事務所が公式に認めたのだ。ONCEは2人が2016年に「知ってるお兄さん」で共演したときから、急接近する関係に注目してきた。バラエティ番組での2人の様子やネット上に投稿された写真から、相性の良さは明らかだった。13歳という大きな歳の差はあったものの、ONCEは喜んで公式発表を歓迎した。

翌週もニュースが続いた。ジヒョがファンに向けたメッセージを公開し、VLIVEでの発言を釈明したのだ。実は12月にＭＡＭＡでパフォーマンスした後に、ジヒョがすぐに立ち去ったことについてファンがコメントすると、ジヒョはやや失礼ともとれる言葉で反応した。それ自体は大騒ぎするようなことではなかったが、深刻だったのはミナと同様に、ジヒョも不安や憂鬱に苦しんでいると打ち明けたことだった。事情がわかると、ＭＡＭＡでのパフォーマンスやリーダーとして先頭に立つ姿が、より立派に思えてくる。こうしたメンタルや身体的なけがなどの問題を受けて、ＴＷＩＣＥは働きすぎなのではないか、スケジュールを詰め込みすぎなのではないかという疑問を持つ人もいた。２月、新曲『SWING』（ＯＮＣＥの間ではそれほど評判は良くなかった）を加えた『&TWICE』リパッケージアルバムをリリースすると、ＴＷＩＣＥは「Twicelights」の残りの４公演をおこなうため、日本に向かった。

ＯＮＣＥがどんな不安を抱えていたにしろ、福岡で幕を開けたコンサートにはお祝いムードが漂っていた。９人がステージ上にそろっただけでなく、アンコール直前の『Feel Special』では、メンバー全員がダンスに参加。コンサートが始まってからずっとミナは体調が良さそうだったが、それでもＯＮＣＥにとっては嬉しいサプライズだった。９人での完全な『Feel Special』のパフォーマンスは、これが初めてだったのだ。たちまち、#ProudOfYouMina（ミナを誇りに思う）のハッシュタグが世界中のトレンドで１位になり、この決定的瞬間の動画がＴＷＩＣＥの公式ツイッターアカウントにも投稿された。メンバーは万全の体調で静岡へ向かった。そのときはまだ知るよしもなかったが、この２日間の静岡公演を終えると、TWICEは長い休止期間を強いられることになる。新型コロナウイルスの感染拡大により、世界の多くの地域がロックダウンされ、大規模会場でのコンサートは到底開催できなくなったからだ。多くのファンが楽しみにしていた「Twicelights」ツアーを締めくくる3月初めのソウル公演も中止された。

世界中で多くのONCEがステイホームを強いられたが、TWICEはファンを元気付けようとベストを尽くした。VLIVEでは「TWICE」の文字が入った大学ジャケットを着たメンバーが、大学の部活動としてさまざまなゲームや企画に挑戦する「TWICE 大学ファッション部」(部長はナヨン)の動画を定期的に配信。メンバーの間で大人気の人狼(じんろう)ゲームをしたり、ミナがダルゴナコーヒー(カプチーノの上下逆さまバージョン)を作ったり、ナヨンとモモの桃姉妹がASMRスタイルのモッパン動画(食べ物を食べる動画)を撮影したりした。また、コロナの影響を受けている人々を支援するため、ナヨン、ツウィ、ダヒョンはそれぞれ5千万ウォン(約5百万円)を、JYPエンターテインメントは5億ウォン(約5千万円)を寄付した。

2020年4月には、YouTubeでドキュメンタリーシリーズ「Seize the Light」が公開された。メンバー、トレーナー、そしてパク・ジニョンのインタビューや舞台裏での映像を通じて、グループの素顔を知ることができる各エピソード20分、全7話のシリーズだ。メンバーは子どもの頃の思い出や練習生生活を振り返りながら、TWICEを続けることがどんなに大変かを話した。苛酷なスケジュールは大きな負担であり、常にベストなパフォーマンスを見せなければならないというプレッシャーがつきまとう。完璧な振り付けのためにはどのメンバーも苦労していて、ジヒョはベッドに入ってからも頭の中でダンスを復習していると語った。コンサート前日の夕方から明け方まで、夜通し空っぽの会場でダンスでリハーサルをしているというエピソードからは、高いプロ意識が窺える。

ライブパフォーマンスの休止を余儀なくされている間、TWICEはその時間を利用してTikTokのアカウントを開設した。すぐに、雑誌「Cosmopolitan」のダンスチャレンジに挑戦し、短いダンスを1度見ただけで覚えて踊るというゲームを楽しんだ。どのメンバーもすばらしい記憶力だったが、中でもチェヨンのほぼ完ぺきなロボットダンスがすごいと評判になった。この動画は何百万回も再生されたが、4月に公開したワン・ダイレクションの『Still the One』ダンスチャレンジ動画は、さらに再生回数を伸ばした。

2人ずつ撮影した動画のうち、ツウィとジヒョ（ペアを作るため2回登場した）のバージョンはなんと2000万回以上も再生された。ダンスもよくできていたが、メンバーの新しい髪色も注目を集めた。外出自粛中に、全員が新しいカラーに変えていたのだ。モモとミナは黒い髪をブリーチして金髪に、ジョンヨンはアッシュ、ジヒョはピンクブロンド、ダヒョンはロイヤルブルー、サナは明るいオレンジに変え、チェヨンはブルーのメッシュを入れていた。ツウィはほどよい赤系のカラーで、ナヨンは洗練されたブラウンのボブになっている。ONCEからの評判も上々だった。それは、ヘアカラーの変化がカムバックを意味しているからでもあった。

次のカムバック『MORE & MORE』のコンセプトは、とても興味深いものだった。3種類のアルバムジャケットは、暗い色調から明るい色調へのグラデーションになっている。個人のティーザー動画では、メンバーは草が青々と茂る庭に白いワンピースを着て登場するが、赤と黒の光がフラッシュすると、色のついた衣装に変わる。例外はジョンヨンだ。もともとグループのガール・クラッシュ担当だったジョンヨンだけは、黒のワンピースから明るい色の衣装に変わる。そのすべてが、TWICEが今までよりもダークなコンセプトを用意していることを示していた。

2020年6月1日、7曲構成のEP『MORE & MORE』がリリース。同名のシングルはパク・ジニョンが作詞をしていたが、新たにアメリカのリパブリック・レコードと契約したこともあってか、作曲は欧米のポップミュージック界では名の知れた、ジャスティン・トランター、ジュリア・マイケルズ、ザラ・ラーソン、そしてMNEKが携わっていた。『MORE & MORE』は夏らしいダンスソングで、トロピカルなハウス・ミュージックに、欧米で流行しているドロップつきのサビが特徴。そしてそこに、TWICEらしいカラフルなエネルギーが注入されている。「ヘイ!」のかけ声と間奏の「More, More, More」、そしてシャープなラップデュエットは、過去のヒット曲を思い出させる。しかし同時に、マンネリ化した関係にもう一度ときめきと情熱を求める歌詞には、ガール・クラッシュの曲に特徴的な率直さと自信も感じられた。

MVはまず、ミステリアスな森から始まる。ふわふわとした白や花柄のワンピースをまとったメンバーは、南国の花や蝶、ウサギやヒョウに囲まれ、夢の中のような風景に完璧に溶け込んでいる。しかし、ティーザーと同じように画面が赤と黒に光ると、空気は一変。色調は相変わらず鮮やかだが、軽やかなエスニック風のマキシドレスを着たメンバーが踊り始めると、森にはダークな雰囲気が満ち、ヘビとリンゴ（聖書のエデンの園のモチーフ）が登場する。万華鏡のような光のトンネルを抜けると、そこには湖が広がり、新しい自由な世界が待っていた——そこにはダークなコンセプトと、明るいコンセプトの両方が存在する。ビジュアル的にもすばらしいが、まっさらで純粋だったTWICEが経験を積み、やがて自分たちだけの居場所を見つけるというストーリーは、彼女たちの成長を見事に表現している。

振り付けは激しくパワフルで、嬉しいことにモモのダンスブレイクが復活。MVでも見ることができる。モモは「1回踊っただけで痩せる気がします」と感想を述べ、ナヨンも覚えるのが難しかったと打ち明けた。今までになく、シンクロして踊るのが難しいダンスだが、グループの絆の強さが表れているとメンバーは語る。ぴったり息の合った9人だからこそ、実現できるダンスだった。

EP『MORE & MORE』には、TWICEがありのままの自分を受けいれ、自信を持っていることがよく表れていた。愛嬌あふれる高いキーも、低い音域も、同じように歌いこなすことができたし、K-POPらしいサウンドと欧米のサウンドの間を自由自在に行き来することができた。幅広いスタイルのハイクオリティな楽曲はタイトルトラック以外にも集まっていて、どの曲にもファンがついた。ナヨンが作詞した『MAKE ME GO』では、これまでと同一人物とは思えないほど、深みのあるなめらかな歌声を聴くことができる。本当の気持ちを隠していることについて歌った、悲しげだがクールな『SHADOW』も人気だった。そのほか、明るくリラックスした雰囲気の夏のナンバー『OXYGEN』（もともとは『Pizza Boy』という曲名で『Feel Special』のタイトルトラック候補だった）。ジョンヨンが歌うサビが魅力的なラテン調の『FIREWORK』。ホルンの音をちりばめた最強の失恋ソング『DON'T CALL ME AGAIN』。そして、『SWEET SUMMER DAY』は、ジョンヨンとチェヨンが作詞した『Dance The Night Away』の続編のようでもあり、初期の気負わないTWICEを思い出させる楽しい曲だった。

このミニアルバムで、TWICEはまた一歩、大きく前進した。異なる音楽スタイルだけでなく、自分自身に対する裏切りや恋愛のネガティブな面など、成熟したテーマにも向き合った。『Feel Special』から9か月が経過していたが、K-POPのように急激に変化する世界では、9か月というのはかなり長いブランクだった。しかし、ファンの反応はこれまでになく良好で、発売当日の売上は韓国のガールズグループの記録を更新。2週間でS.E.S.の『A Letter from Greenland』（2000年）以降、ガールズグループのアルバムとしては最高の売上を達成した（その後、BLACKPINKの『THE ALBUM』に抜かれてしまったが）。韓国では1位、日本では3位にランクインし、アメリカではビルボード200チャートに入り、イギリスではグループ史上最高の順位を獲得した。そして、MVはたった12日で1億回再生を突破し、TWICE自身の記録も更新した。

6月13日、『MORE & MORE』のプロモーション活動に入っていたTWICEは、「ショー！　K-POPの中心」で1位を獲得。音楽番組での勝利は通算101勝となり、少女時代を抜いてガールズグループのトップに立った。すでに総売上でガールズグループ史上最高記録を誇っていたTWICEは、K-POP界における地位をさらに確かなものにした。「SIXTEEN」でパク・ジニョンが最終メンバーを発表してからこの記録を打ち立てるまで、まだ5年しか経っていなかった。5年間、TWICEは血のにじむような努力を続け、苛酷なスケジュールをこなし、不安や怪我や挫折を乗り越えてきた。その間もずっと、ポジティブであることを忘れず、ONCEが誇りに思えるグループであろうとし続けた。

初めて会ったときはお互いのことをよく知らないメンバーもいたが、今では家族のような存在になっていた。V LIVEの配信からコンサート、舞台裏の映像でも、メンバーが一緒にいることを楽しんでいるだけではなく、深い思いやりを持って接していることが伝わってくる。ミナの復帰直後、優しく気配りをしていたメンバーたちの姿には、このことがいちばんよく表れていた。

TWICEは、ONCEとの間にもすばらしい関係性を築いた。今では、世界のどの大陸にも何百万人ものファンがいる。メンバーは、ファンに心のこもったひたむきな愛情を注ぎ、ファンは熱心さと忠実さで応えた。ドキュメンタリー「Seize the Light」では、フィリピンのマニラでおこなわれたコンサートでの感動的なエピソードが紹介されている。コンサートが始まる3時間前から、会場のONCEはかけ声を練習していた。その声は控室まで届き、メンバーを喜ばせたのだという。

多くのONCEが、TWICEとともに歩んできた。メンバーが少女から大人の女性に成長して、才能と自信を開花させ、個性を確立するのを見守ってきた。パク・ジニョンは、日頃からアイドルを人柄と誠実さで選ぶと公言している。彼はアーティストに成長するTWICEと親しく接し、誰よりもTWICEのことをよくわかっていた。そして、TWICEは今後も成長し続けると信じ、「ここからが彼女たちの物語の本当の始まりだ」と語っている。

どんな未来が、彼女たちを待ち受けているのだろうか? この数年でTWICEは、音楽スタイルやイメージを変化させることに成功し、人気を失うことなく、20代のグループにシフトした。それどころか、さらにファンを増やした。メンバーが作詞に参加することで、大人っぽい曲も生まれるようになった。歌詞のクオリティは、今後メンバーのクリエイティブな活動が増えることを十分期待させる。メンバー全員がソロとしても成功できる能力を持っていることは間違いないが、これからも長い間、9人で活動を続けると明言している。

現在、ファンの前で歌声やダンスを披露するTWICEと、2015年にデビューしたときの9人の少女たちを比べれば、変化したところもたくさんある。しかし、TWICEだけが持つ魅力は、『Like OOH-AHH』から『MORE & MORE』まで、ずっと変わっていない。今までも、そしてこれからも、カムバックのたびにその魅力は、ONCEの心を期待で満たすことだろう。将来、どんな選択をしたとしても、ＴＷＩＣＥはいつもの自己紹介の通り、“One in a million”――１００万にひとつの、奇跡のグループであり続けるのだから。

Chaeyoung
チェヨン

Dahyun
ダヒョン

Mina
ミナ

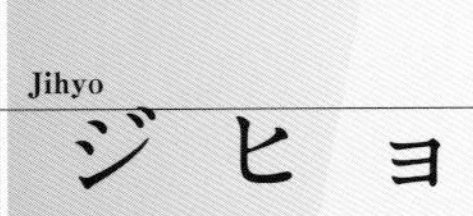

Sana

サナ

Momo
モモ

Nayeon
ナヨン

Jeongyeon
ジョンヨン

KCON2018 LA レッドカーペット・イベントにて

2018年12月ソウル。映画『TWICELAND』試写会にて

Chapter 2
TWICEのメンバー

나연

ナヨン

ステージネーム：ナヨン
本名：イム・ナヨン
ニックネーム：ナボン、ナスン、ウサギ、ゼニガメ、マンネ
ラブリーの名前：ナブリー
メンバーカラー：水色
国籍：韓国
ポジション：リードボーカル、リードダンサー
誕生日：1995年9月22日
星座：おとめ座
血液型：A
身長：163cm

TWICEの最終メンバーが発表されたとき、真っ先に名前を呼ばれたのはナヨンだった。それは、誰もが予想していた。抜群の歌唱力、エレガントでエネルギッシュなダンス、明るくて自信に満ちた性格。練習生の間でも人気があり、アイドル志望の女の子たちの中にいても、その美貌は際立っていた。韓国では、デビュー以来ずっと最も人気のあるメンバーで、アイドル好感度でも常に上位をキープしている。スターになるべくして生まれたかのようなナヨンだったが、TWICEとしてデビューするまでは、いくつもの挫折を乗り越えなければならなかった。

ナヨンは、1995年、ソウル東端、漢江（ハンガン）が流れる江東（カンドン）区の静かな住宅地で生まれた。家族は妹のソヨン、父、母の4人（母親とは、2016年のクリスマス特番でデュエットしたことがある）。ナヨンは小さい頃からかわいい女の子で、5歳でモデルのコンテストに応募した。JYPエンターテ

インメントが契約を申し出たが、母親がまだ若すぎると断ったため、ナヨンは普通の学校生活を送り、優秀な成績を残した。

しかし、時が経っても、彼女のアーティストになるという夢が消えることはなかった。2010年、14歳のときに、ナヨンはJYPエンターテインメントの第7回公開オーディションに参加。当時まだ制服を着ていたナヨンは、少女時代のメンバー、ティファニーの『By Myself』を歌い、2位に選ばれて練習生になる資格を得た。しかし、ナヨンはオーディションに行くことを両親に知らせていなかった。芸能の仕事に反対する両親を説得して夢を追いかける許しを得るのは、大変なことだった。幸い最後には、歌とダンスに対する情熱を理解してもらうことができた。

2010年9月15日、ナヨンのJYP練習生としての生活がスタート。ジヒョ、ジョンヨンと初めて顔を合わせた。ナヨンは練習生仲間やスタッフの間でも人気があり、その才能を早くから認められて、SanEの『You Can't Go』のMVに出演した。2012年には、テレビドラマ「ドリームハイ2」に、アイドルの卵役でカメオ出演した。たった15秒しか映らなかったが、GOT7のジニョンとともにダンスを披露。ドラマを見た人は、あのかわいい女の子は誰だろうと首をかしげた。また、化粧品メーカーTNのCMでmissAのスジと共演し、注目を集めた。

JYPは、スターを手にしていることに気がついた。ナヨンは、GOT7の『Girls Girls Girls』、missAの『Only You』のMV、そしてゲーム「Just Dance Wii 2」のCMにも出演した。当然、JYPの新ガールズグループ6MIXのメンバー候補に選ばれた。しかし、デビューに向けて懸命に努力を重ねたにもかかわらず、その計画は立ち消えになってしまった。ショックで一時やる気を失ったナヨンだったが、練習生になった頃の初心を思い出し、トレーニングを続けることにした。「SIXTEEN」は、再び訪れたデビューのチャンスだった。しかし、ナヨンはそのときすでに、参加者の中で最年長の19歳。残された時間はどんどん短くなっていた。

「SIXTEEN」の個人ティーザー動画のうち、ナヨンの動画はいちばん最初に公開され、新グループの有力候補だということが明らかになった。ナヨンはティーザーで、テイラー・スウィフトの『Shake It Off』を見事にカバーし、あの名言「私みたいな女の子は、恋人にぴったり!」でファンを虜にした。番組では、アリアナ・グランデの『Santa Tell Me』のカバーで優れた歌唱力をアピールした。しかし、マイナーチームへの降格も経験した。熾烈な競争の中に放り込まれると、ナヨンの自信でさえガラガラと崩れ落ちてしまうのだった。

それでも少しずつ、ナヨンは自分に対する信頼を取り戻していった。チームの若いメンバーを手助けし、すばらしいユーモアのセンスを発揮し、やる気を引き出した。歌とダンスはプロ並みだった。パク・ジニョンはこのことを見抜き、ナヨンなら、どんなグループに入っても今すぐ信頼できるメンバーになるだろうと評価した。視聴者も、ポケモンのゼニガメに似ていると自称する女の子がどんなミッションでも良い評価をもらうのを見て、同じように感じていた。ナヨンがTWICEに入ることは誰も疑わず、最初に名前を呼ばれたときも誰も驚かなかった。

ナヨンは、TWICEの〝センター〟だ。K-POPの用語で、グループの写真やダンスで最も目立つポジションを与えられるメンバーをセンターと呼ぶ。とくに初期の曲ではナヨンが歌い出しを担当し、センターポジションでパフォーマンスを始めることが多かった。ナヨンはリードボーカルであり、リードダンサーであり、デビュー時はまだツウィが幼かったこともあり〝グループの顔〟も務めていた。最年長で、「SIXTEEN」では年下の練習生の面倒をよく見ていたが、メンバーによる投票ではTWICEのリーダーには選ばれなかった。周りを明るくする力、いつも陽気で明るい性格、そして完璧な愛嬌スキルを持つナヨンは、冗談ではあるが「マンネ(グループの最年少を意味する)」と呼ばれることもあった。

ナヨンの華やかな性格は、バラエティ番組の主役にもなった。デビューしてしばらくは、まだ恥ずかしさが抜けないほかのメンバーのかわりに、ナヨンとダヒョ

ンが前に出た。ナヨンはいつでも積極的だった。ダンスチャレンジに参加し、司会者と一緒にふざけ、リクエストに応えて愛嬌を見せた。「アイドルルーム」ではMCレイルを名乗ってラップを披露し、「知ってるお兄さん」では共演したパク・ジニョンをいじり、そして「ランニングマン」では、司会者たちが崩れ落ちるほどかわいい〝あいうえお作文〟を暗唱してみせた。いずれも、ONCEの記憶に残る名場面だ。

ナヨンは楽しくて面白かったが、かわいくもあった。笑顔がかわいいと有名になり、とくに上の前歯の2本がほかの歯よりわずかに長いのが魅力的だと言われた。ONCEはナヨンをウサギというあだ名で呼ぶようになり、楽しいことが大好きなナヨンは、このジョークに喜んで乗っかった。ウサギのぬいぐるみにケンイという名前をつけ、自分で話しかけるだけでなく、ほかのメンバーとも会話させた。

ナヨンの性格と容姿は韓国の人々を大いに魅了し、彼女の映像がネット上にあふれるまで、そう時間はかからなかった。『Like OOH-AHH』MVのオープニングで、一瞬目をつぶって笑うナヨン。『Dance The Night Away』が音楽番組で勝利した後、氷を頬ばって顔をしかめるナヨン。サイン会でうさぎの帽子の耳をぱたぱた動かすナヨン。どの動画も、繰り返し再生された。

ファンだけでなく、アイドルの間でも大人気のナヨンは、〝Nation's Best Friend〟（国いちばんの親友）と呼ばれるようになった。BLACKPINKのジェニーとジスとは練習生時代から仲が良く、Red Velvetのイェリとも定期的に連絡を取り合っている。GFRIENDのソウォンやLABOUMのソルビン、GOT7のベンベンとも良い友人だ。ベンベンには、JYPで一緒に練習生をしていた頃、牛乳を買ってあげたこともある。

しかし、ナヨンの本当の親友は、TWICEの8人のメンバーだ。ナヨンは照れることもなく、彼女たちをソウルメイトと呼ぶ。メンバーはナヨンのことを、韓国語の桃（ポクスンア）とかけてナスンと呼んだり、ジヒョがつけたニックネーム、ナボンと呼んだりしている。２０１９年、ナヨンは『ＢｕｚｚＦｅｅｄ』のインタビューで、「ささいなことから、真剣な議論まで、私たちは普段からとてもよく話しています。つらいことがあるたび、お互いに支え合っています」と話している。いちばん多くの時間をともにしているのはモモだが（このコンビは〝桃姉妹〟と呼ばれている）、つらいときに頼る友人には、チェヨンの名前をあげている。また、年上のメンバーとしての役割をよく理解し、ほかのメンバーを気にかけ、問題があればすぐに力になろうとする。

ＯＮＣＥが最も愛する組み合わせは、２ヨンと呼ばれる、ナヨンとジョンヨンのコンビだ。２人は14歳のときからの知り合いで、ナヨンによれば、最初に出会ったときジョンヨンは口数が少なくちょっと怖い印象だったが、すぐに打ち解けた。同じ高校に通い（ＢＴＳのＲＭも同じ学校だった）、５年間一緒にトレーニングした。ＴＷＩＣＥのデビューから、ファンは2人がふざけたり、口げんかしたり、笑ったり、ハグしたりするのを見守ってきた。２人がステージでいちゃついてみせると、会場は大いに盛り上がった。

ほかにも、ナヨンには特別な友だちがいる。２０１７年11月、ナヨンはポメラニアンの子犬を迎え入れた。３日間かけて名前を考えたが、チェヨンがクックという名前を提案すると、一瞬でそれに決まった。クックは、ジヒョが『LIKEY』で歌うフレーズの語尾で（韓国語でクッキーとアイスクリームという意味もある）、ふわふわのかわいい生き物の名前にぴったりだった。クックはＴＷＩＣＥのＶ ＬＩＶＥにたびたび登場し、テレビ番組「犬は素晴らしい」にも出演した（モモの愛犬ブーも共演した）。

ナヨンはグループの盛り上げ役であるだけでなく、パフォーマンススキルも重宝されている。ＴＷＩＣＥが新人だった頃、ナヨンの自信と安定した歌唱力は貴重な財産だった。歌い出しに加え、サビ、ブリッジ、そしてアドリブまで安心して任せられる。実際、高い音域と明るい歌唱スタイルを持つナヨンは、メインボーカルのジヒョより多くのパートを歌うこともあった。『CHEER UP』、『KNOCK KNOCK』、『Heart Shaker』などは、ナヨンの歌声があってこその曲だし、『I'm gonna be a star』では、何度も繰り返されるフレーズ

を元気いっぱいに歌いきった。その一方で、ナヨンは万能の歌い手でもあり、『MORE & MORE』では、かっこいいボーカルとラップまで披露している。

TWICEメンバーはまだ誰もソロ曲を発表していないが、いちばんその可能性があるのはナヨンだろう。2019年12月、アリアナ・グランデの『Santa Tell Me』を1人で歌う動画を公開した（「SIXTEEN」でも同じ曲でパフォーマンスしている）。動画には「ささやかですが、ONCEのために準備しました」というかわいいクリスマスメッセージが添えられ、再生回数は1000万回を越えた。

ナヨンは作詞にも積極的に参加し、スキルを伸ばしている。初めての挑戦は『Twicetagram』収録の『24/7』。ジヒョと共同で作業し、歌詞には変化の少ない毎日でもポジティブに過ごそうというメッセージを込めた。『Feel Special』収録の『RAINBOW』について、ビルボードは「虹を渡って紫の線まで歩く」というナヨンの比喩に触れ、「気持ちがよく伝わる、聴く人をエンパワメントする歌詞」と評した。『MORE & MORE』では、大人っぽいコンセプトにぴったりの『MAKE ME GO』の作詞を担当。アメリカツアー中に飛行機の中で見たホラー映画にヒントを得て、グループのちょっと怖い面を見せるのも面白いと考えたのだそうだ。

リードダンサーであるナヨンは、ダンスパフォーマンスにも欠かせない存在だ。実際、『Like OOH-AHH』のマリリン・モンローダンスは、ナヨンが考案したもの。子どもの頃バレエを習っていたため体が柔らかいが、幼い頃の交通事故の後遺症で左足が弱い。そのため、思うように力強い振り付けができなかったり、たまによろけたりすることがある。

ビジュアルとしてのナヨンには、ひとつの弱点もない。小さな顔、ストレートな眉、細く高い鼻、ふっくらとした唇といったパーツは、韓国の美の基準を完璧に満たしている。外出するときはめがねをかけ、カジュアルで動きやすい〝隣の家のお姉さん〟といった雰囲気のナチュラルな色味の服装を選ぶことが多いが、ノーメイクでも驚くほどの美人だ。完全なすっぴんでカメラの前に立つ勇気のあるアイドルはほとんどいないが、ナヨンは例外で、なめらかでシミひとつない肌に定評がある。

もちろん、ステージや映像で見るナヨンも最高だ。カットオフデニムのショートパンツとTシャツだけでも十分輝いて見えるが、ほかにも印象深い衣装がいくつもある。『Like OOH-AHH』の黄色のタータンチェックのスカート。『KNOCK KNOCK』の黒いワンピースと赤いショート丈のセーターの組み合わせ。そして、『What is Love?』の赤いベルベットの短いトップス。また、コスプレでも、いつもファンを楽しませた。ゴージャスな赤い小悪魔、「プリティ・プリンセス」のオタク少女ミア（原作者のメグ・キャボットもツイッターで絶賛した）、韓国映画「オールド・ボーイ」のぼさぼさ頭のキャラクター（ナヨンはその映画を見たことがなかったが、チェヨンによればそっくりだったという）。

『Feel Special』MVの撮影時にかぶった金髪ボブのウィッグなどいくつかの例外を除いて、ナヨンのロングヘアはTWICEのデビュー時からのトレードマークだった。だが、2020年4月、突然ショートボブになって世間を驚かせる。さらに衝撃的だったのは、ナヨンが髪を切った理由をヘアドネーションのためだと説明したことだった。

5年経っても、ナヨンは「SIXTEEN」に出演したときと同じ、明るく、親しみやすく、元気いっぱいのパフォーマーのままだ。多くのK-POPファンがその美貌をほめ称えるが、ONCEは、TWICEの音楽やダンスへの貢献も評価するようになっているし、ほかのメンバーを気にかけ、グループを楽しませる姿勢にも感謝している。いつまでも、TWICEのウサギは、ONCEの心の中で特別な存在であり続けるのだろう。

정연

ジョンヨン

ステージネーム：**ジョンヨン**
本名：**ユ・ジョンヨン**（ユ・ギョンワンから正式に改名）
ニックネーム：**ユ・チャング**（太鼓）、**タジョ**（韓国語でダチョウ）、**ノジェム兄弟**（兄）
ラブリーの名前：**ジョンブリー**
メンバーカラー：**黄緑**
国籍：**韓国**
ポジション：**リードボーカル**
誕生日：**1996年11月1日**
星座：**さそり座**
血液型：**O型**
身長：**168cm**

TWICEのデビュー当時、ジョンヨンは一際目立つメンバーだった。1人だけショートヘアで、謎めいていて、シックで、グループのガール・クラッシュ担当だったからだ。ONCEはすぐに、ジョンヨンの優しくユーモラスな性格に気づいたが、やはりほかのメンバーより「ボーイッシュ」だというイメージは消えなかった。しかし、TWICEのリードボーカルであるジョンヨンが男の子っぽいと言われるのは、このときが初めてではなかった。ジョンヨンが生まれたときにつけられた名前は、ユ・ギョンワン。これは韓国では中性的な名前だが、同級生たちは「女の子らしくない」とからかった。そこで、小学校3年生（10歳くらい）のときに、正式にジョンヨンに改名した。

だからといって、不幸な子ども時代を過ごしたわけではない。ソウル近郊の水原（スウォン）に生まれ、父親はソウルプラザホテルの有名なシェフで（金大中前大統領の個人シェフを務めたこともあった）、母親は日本食レストランを経営していた。両親は仕事で忙しかったので、ジョンヨンは2人の姉とともに、多くの時間を祖母と過ごした。ドキュメンタリー「Ｓｅｉｚｅ ｔｈｅ Ｌｉｇｈｔ」で、ジョンヨンは涙を浮かべながら、祖母について語っている。ジョンヨンの祖母は、歌手になるという夢を応援してくれていたが、その夢が叶う前に亡くなってしまった。

家族で芸能人を目指したのはジョンヨンだけではなかった。2番目の姉、スンヨンは、２００５年のＳＭエンターテインメントのオーディション「ヤングアダルトベストコンペティション」でベストルックス賞を受賞し、ＳＭ練習生になった。ＳＭでＲｅｄ Ｖｅｌｖｅｔのメンバーとともにトレーニングを積んだが、７年後、音楽の道は諦めて、俳優の道に進む。ジョンヨンも姉に続いた。子どもの頃少し太っていたジョンヨンは、体重を落とすためエアロビクスのレッスンに通い、そこでダンスを好きになった。ＪＹＰのオーディションに落選し、一度はプロのドラマーになろうと考えた。韓国の伝統的な太鼓を習っていたからだ。しかし、２０１０年3月に再びオーディションを受けたところ、同じ日に、ＳＭとＪＹＰの両方から合格通知をもらった。ジョンヨンはまったく悩まなかった。最初から、ＪＹＰに入りたいと希望していたからだ。

ジョンヨンが練習生になったとき、現在のＴＷＩＣＥのメンバーですでに入社していたのはジヒョだけだった。ジヒョはジョンヨンに会うと喜び、「同い年だね。友達になろう！」と言ったそうだ（しかしドキュメンタリー「Ｓｅｉｚｅ ｔｈｅ Ｌｉｇｈｔ」では、この会話の後、3か月の間話す機会がなかったと語っている）。次の年のオーディションでナヨンが選ばれたとき、ジョンヨンはあまりのかわいさに驚いたという。ナヨンは最初のうちは口数が少なかったが、彼女もすぐに仲良くなった。ジョンヨン、ジヒョ、ナヨンの3人は、新グループ６ＭＩＸの中心メンバー。デビューに向けて一生懸命に練習していたが、その計画が中止になると、ジョンヨンもほかのメンバーのようにいらだち、やる気をなくしてしまった。アルバイトを始め、ベーカリーで働こうと真剣に考えた。

それから、「ＳＩＸＴＥＥＮ」が始まった。全候補者のうち、ジョンヨンのティーザー動画は最後に公開されたが、すぐに話題になった。黒のショートボブに、モノトーンのレザージャケットを着たジョンヨンはいかにもクールで、たちまち視聴者のお気に入りになった。パク・ジニョン自身、18歳のジョンヨンに魅了され、独特のオーラがあるとコメントした。ジョンヨンは、第1ミッションのサックス演奏と、写真撮影チャレンジでの自然なポージングで評価をさらに高めた。

しかし、「SIXTEEN」は、ジョンヨンのように自信に満ちた参加者にとっても、簡単なチャレンジではなかった。姉のスンヨンと再会したシーンでは、ジョンヨンはプレッシャーが大きいと言って涙を流した。その後、1対1チャレンジでレディ・ガガの『Applause』をカバーし、視聴者を虜にした。安定の歌唱力はそのままに、クールでシックなイメージだけでなく、ワイルドでクレイジーなコンセプトもこなせることを見せつけたのだ。最終回直前まで、ジョンヨン自身はTWICEに選ばれるかどうか不安だったかもしれないが、視聴者とJYPスタッフはほとんどが決まると確信していた。ジョンヨンは、生まれながらのスターだった。

TWICEがデビューすると、ジョンヨンはグループの「ガール・クラッシュ担当」と自己紹介するようになった。この役割は、ジョンヨンのボーイッシュなスタイルにぴったりだった。メイクは薄く、スカートも穿かなかったが、小さな顔と長い脚（韓国の美人の条件）で人気があった。ガール・クラッシュな雰囲気は、バラエティ番組でも発揮された。おふざけ担当で、ユーモアがあることでも有名になった。真顔で笑いをとり、おかしな（でも面白い）〝ダチョウダンス〟を披露した。ほかのメンバー（サナ）がキスしようとすると恥ずかしがって逃げるのは、TWICE定番のジョークになった。いやいやながらも愛嬌をやってみせると、すぐに照れてほかのメンバーのひざに顔を埋めた。

ジョンヨンは、1人でテレビ番組「マッスルクイーン・プロジェクト」に出演し、R&Bシンガーのインスニ（40歳近く年上だった）とペアを組んで、エクササイズと音楽パフォーマンスに挑戦した。それから、人気サバイバル番組「ランニングマン」、「ジャングルの法則」にも出演。残念なことに、突然の事故で馬に蹴られて降板したが、視聴者はジョンヨンがかわいいだけでなく、勇気があって意志が強い面があることも知った。

それは、ジョンヨンが本当はクールでも、超然としているわけでもないことを意味していた。メンバーは、ジョンヨンの思いやりある性格に早くから気づいていた。宿舎ではお母さん的存在で、メンバーの面倒を見たり、掃除をしたり、部屋を片付けるように声をかけたりした。ファンミーティングや授賞式の映像を見たONCEは、ジョンヨンがみんなの安全に気を配り、けがに注意していることを発見した。衣装に問題がないかどうかも、常に目を光らせていた。ジョンヨンがメンバーの短すぎるスカートの裾をひっぱる姿が、何度も目撃されている。

TWICEとして活動していないときも、ジョンヨンの優しい性格はそのままだった。恐ろしく忙しいスケジュールの中で隙間時間を見つけると、動物保護施設で捨て猫や捨て犬を世話するボランティアをしていた。ほかのメンバーにも声をかけ、ツウィやモモを誘ったこともある。自宅では、2匹の犬を飼っていた。白いポメラニアンのポソンと、プードルのナナンだ。悲しいことに、2019年にポソンは病気になり、TWICE全員がお見舞いに訪れたが、動物病院で息を引き取った。その数日後、バンコクでのコンサートでバラード『AFTER MOON』のパフォーマンス中に、ジョンヨンは突然涙をあふれさせた。メンバーとONCEはすぐにジョンヨンの気持ちに気づき、励ました。

ジョンヨンはメンバーの間でも人気で、TWICEのリーダーを選ぶ投票では、ジヒョの次に多い票数を獲得した。口げんかしたりハグをしたりとアップダウンのあるナヨンとの関係は、インターネット上では2ヨンというコンビ名で注目されている。2人の付き合いは長く、強い絆で結ばれているのだ。モモとは長い間ルームメイトで、最初の宿舎では同じベッドを使っていた。ミナとはレゴという共通の趣味がある。カメラの前ではサナをうっとうしがってみせるのが定番のジョークになっているが、プライベートではよく一緒に出かける姿が目撃されている。チェヨンとは、ノジェム兄弟と呼ばれる仲だ。

ジョンヨンがどんなにメンバーを大切に思っている

かがわかるエピソードがある。TWICEのデビュー3周年のサプライズとして、約5万円の黒のネックレスを全員にプレゼントした。高価な贈り物だったことはもちろん、忙しいスケジュールに耐えるメンバーを力付けたかったという理由も感動的だった。

TWICE以外の交友関係では、OH MY GIRLのヒョジョンととても仲が良いが、そのほかにはあまり名前をあげられる友人は多くないようだ。しかし、芸能界には、姉のスンヨンという親友がいる。SMを退社した後、スンヨンは女優になり、TWICEの躍進と並行して知名度を上げていった。2015年、リアリティー番組「私たち結婚しました」でブレイクし、ドラマ「六龍が飛ぶ」での演技を評価され、SBS演技大賞でニュースター賞を受賞。有名になった姉妹はメディアにひっぱりだこで、リアリティー番組「私たちはきょうだいです」では2人で旅行に出かけ、音楽番組「人気歌謡」では半年間一緒に司会を務めた（俳優キム・ミンソクとの3人での司会）。この実績を評価され、SBS芸能大賞では新人賞を受賞した。初登場回で、スンヨンはTWICEとともにステージに立ち『CHEER UP』を披露。SMでのトレーニングのかいもあって、スンヨンの歌とダンスにファンは感心し、TWICEの10人目のメンバーでもおかしくないと言わしめた。

姉妹は、スンヨンが主演した短編映画「My Dream Class」の挿入歌『Like a Star』を一緒に歌った。TWICEのナンバーでは短いパートしか歌えないが、この曲では、ジョンヨンの優しくも力強いボーカルを存分に披露することができた。『Like a Fool』のヴァース、『ONE IN A MILLION』の美しい高音、そして「Twiceland」コンサートでジヒョのパートを歌った『My Headphones on』など、ジョンヨンの歌唱力が前に出る機会があると、ONCEは惜しみない賛辞を送った。

歌のパートは多くはないが、ジョンヨンは作詞という形で活躍する機会を増やしていった。最初に参加したのは、『Twicetagram』の『LOVE LINE』だった。実はこれはナヨンによると、ジョンヨンの初恋を歌詞にしたらしい。『LALALA』もジョンヨンが作詞し、

『SWEET TALKER』ではチェヨンと共同で作業した。この曲がファンの間で人気になると、ジョンヨンは『Dance The Night Away』のような夏の歌も作詞してみたいと語った。ONCEは長く待つ必要はなかった――再びチェヨンの助けを借りて『SWEET SUMMER DAY』を手がけ、トロピカルなダンスナンバーに、太陽の光がさんさんと降り注ぐような歌詞をつけた。

ジョンヨンはデビュー以来、ビジュアルでも多くのファンを楽しませてきた。MVではボーイッシュな役割を担当することが多いが、それがまた最高に似合っている。『TT』でピノキオを演じたときの、人形のような動き。『What is Love?』でのかっこいい男役（「ゴースト」のパロディではキスしようとするサナから逃げた）。『LIKEY』のスーパークールなスケーターガール。髪はずっと短いままだったが、マッシュルームカットにしても、前髪を作っても、カールさせていても、ハーフアップにしても、常にONCEを魅了していた。デビューのときの真っ赤なヘアカラーから、さまざまなトーンのブラウンを経て、2018年の『What is Love?』のカムバックでは金髪になった。しかし、ジョンヨンらしさがいちばんよく表れていたのは、2018年5月に見せた鮮やかなアクアブルーの髪色かもしれない。これほど斬新なヘアカラーで、なおかつ上品な雰囲気を保てるのはジョンヨンだけだろう。多くのONCEが衝撃を受け、「SIXTEEN」以来、いちばん髪が長くなっているのを見落とすほどだった。

『Dance The Night Away』では初めてフェミニンな姿を見せ、ジョンヨンにとって大きなターニングポイントになった。MVではなんと髪を長い三つ編み（カラーはブラウンに戻していた）にして、ワンピースを着用。それがとても似合っている。その次の『YES or YES』では、いつもよりパートが増え、MVでもセンターにいることが多くなった。落ち着いた様子で運転手を演じ、ダンスブレイクでは記憶に残るイエローのチェックスカートで自信たっぷりにリードした。『FANCY』の活動が始まると、ジョンヨンのダンスが上達したと言われるようになった。今までも上手だったが、背中まで届く黒のロングヘアーにしたことでようやく目に留まったのだというファンもいた。ほかのメンバーが大人っぽいイメージにシフトしたのとは対照的に、ジョンヨンは以前よりたくさん愛嬌をして、かわいい表情をするようになった。「Seize the Light」では、「最近、かわいくなりすぎてガール・クラッシュではなくなったと言われます」と話している。

2019年5月、ソウルでのコンサートで、ジョンヨンはロングヘアをやめると宣言した。ONCEが理由を聞くと、シンプルな答えが返ってきた。「私が切りたいから」——ONCEはどちらでもかまわなかった。その頃には、もう気づいていたからだ。髪型以外にも、ジョンヨンを特別な存在にしているものはたくさんあるということに。

모모

モモ

ステージネーム：**モモ**
本名：**平井もも（ひらい・もも）**
ニックネーム：**桃、モグリ、アライグマ、ダンスマシーン**
ラブリーの名前：**モブリー**
メンバーカラー：**ピンク**
国籍：**日本**
ポジション：**メインダンサー、ボーカル、ラッパー**
誕生日：**1996年11月9日**
星座：**さそり座**
血液型：**A**
身長：**162cm**

日本人メンバーのモモは、TWICEのダンスマシーンと言われている。しなやかでエネルギッシュなモモのダンスのおかげで、TWICEの振り付けにパワーとスタイルが加わるのだ。しかし、モモはあやうくTWICEになりそこねるところだった――ぎりぎりメンバーになることができたのは、パク・ジニョンの鶴の一声があったからだ。この決定は、パク・ジニョンが今までした中で、最高の選択だったという人も多い。

どのメンバーにとっても、「SIXTEEN」はトラウマになる体験だったが、モモほど苦しんだ参加者はいなかった。モモにとっては実にストレスフルで、感情を揺さぶるジェットコースターのような出来事だった。モモはティーザー動画の8番目に登場し（当時は前髪がなかった）、視聴者はすでにダンスマシーンと評判だった日本人練習生に一目で興味をひかれた。ミッションが始まると、モモにスキルがあることは誰の目にも明らかになった。だが、ステージで存在感を示すことはまだ難しく、歌声も安定しなかった。モモはマイナーに降格し、脱落の危機に瀕(ひん)していた。

落ちこんで実家の姉に電話をかけたモモは、本当に自分はデビューしたいのかと自問自答した。しかし、ミッションを終えるたびに、モモは成長していった。1対1バトルでは、ペンタトニックスの『Problem』を踊って視聴者を魅了し、チームミッションでは、チェヨンとジウォンと組み、パク・ジニョンの『Swing Baby』に合わせて、すばらしいステージを披露した。しかし、観客投票の結果に従い、パク・ジニョンは惜しみながらもモモの脱落を決めた。この意外な展開に誰もが驚き、とても動揺したが、とくに日本人メンバーのショックは大きかった。モモに才能があることを誰よりもよく知っていたからだ。

モモ自身も、打ちのめされていた。がっかりさせるのが怖くて、はじめは家族にも言えなかった。ついに脱落を報告して話し合った結果、モモは事務所に残ることを決心。たゆまぬ努力を続けた。2週間後にはほかの脱落した参加者、イ・チェヨン、ウンソとともに、2PM『My House』のダンスをカバーし、その動画を公開した。この意欲の高さ、そして意志の強さを理由のひとつにあげ、JYPはモモをTWICEの最終メンバーに加えることを発表した。「SIXTEEN」の意外すぎる結末に、多くの視聴者が衝撃を受けた。

デビューは、モモの長年の夢が叶った瞬間だった。京都府京田辺で育ったモモは、3歳でダンスを始めた。Rainと女性歌手イ・ヒョリのファンだった母親の影響を受けてK-POPのファンになり、11歳のときに、韓国人アーティストLexyの『Ma People』MVに出演。このMVでは、まだあどけないモモが見られる。2011年、姉のハナと2人の友人とともに、ダンスグループBarbieを結成し、オーディション番組「スーパースターK」に出演するが、予選で不合格となる。しかし、同じ年、JYPはモモたちが公開した動画を見て、姉妹を日本オーディションに招いた。モモは合格したが姉のハナは落選し、モモは1人で韓国に行くことになった。

韓国での生活は楽ではなかった。モモはまだたったの15歳で、韓国語もほとんど話せなかった。しかし、JYPには同じ日本人の練習生がいた。サナは、2012年、モモと同じ日にJYPに入社していた。シャイで、日本人以外の練習生とはうまくコミュニケーションがとれなかったモモは、トレーニングに集中した。すぐにMVにカメオ出演するようになり、ジュノの『FEEL』、GOT7の『Stop stop it』、ウヨンの『R.O.S.E』などで経験を積んだ。JYPは全員が日本人のガールズグループを作ろうとしていたらしく、未来は明るいと思われた。しかし、その計画は頓挫し、「SIXTEEN」がモモにとってわずかに残された希望になった。モモは美人で、すばらしいダンサーで、日本人からの支持も期待できた。成功しないはずがない。

モモが最終メンバーに入ったことに対する批判や疑問は、デビューするときれいさっぱり解消した。事務所の指示で、「SIXTEEN」放送時から7キロも痩せたモモは、抜群のスタイルを誇っていた。ロングヘアーを黄味がかった金髪に染めて前髪を作り、黒いメッシュの水着や太ももが露わになるようにクリップで留めたパンツなど、グループでいちばんセクシーな衣装を着用。ダンスブレイクではセンターに立ち、髪を振り乱した激しいダンスで強烈な印象を残した。2017年に行われたプロモーションでは、モモがセンターに現れると、ONCEは特別な瞬間を期待するようになった。モモのダンスは生き生きとして、実にパワフルだった。

モモは間違いなく、TWICEでいちばん体を鍛えているメンバーだ。毎日のウェイトトレーニング、腹筋、ストレッチを欠かさない。50回のツイストプランクを1日3セットおこなっているという。くっきり割れた腹筋と、引き締まった肩はトレーニングの成果だ。TWICEの衣装は、お腹が見えるショート丈のトップスや、オフショルダーのワンピースが多く、モモの腹筋や肩のラインを強調している。デビュー時の衣装にノックアウトされたファンも多かったが、『What is Love?』で着用したイエローの「ラ・ラ・ランド」風ドレス、『FANCY』MVのチェーンがついた黒いチューブドレス、そして『MORE & MORE』の花柄のラッフルドレスなど、うっとりとさせられるような美しい衣装も多い。

モモは、『Like OOH-AHH』の金髪でファンを驚かせたが、その後のカムバックではブラウンに戻し、その後は、明るさは変わっても基本的にずっとブラウンのまま。ウェーブヘアーやお団子、三つ編みもかわいかったが、2017年夏、鮮やかなブルーのミディアムヘアーにしたときは誰もが驚くと同時に大変喜んだ。そのほかに人気のあった髪型は、『What is Love?』の暗めのボブ、『FANCY』の黒髪、そして2020年の再びの金髪などだが、なんと言っても大きな話題になったのは2019年の『Feel Special』だ。ティーザーが公開され、「SIXTEEN」以来、モモが初めておでこを出したことが明らかになると、世界中が騒然とした。アメリカでは、Appleが新しいiPhoneを発表した直後だったにもかかわらず、#Momoのハッシュタグがツイッターのトレンドで1位になった。

『Heart Shaker』以降は、モモのダンスブレイクが登場する曲は減っていったが、ONCEがモモのかっこいいダンスを目にする機会は十分にあった。2PMのJun.Kのソロ曲『THINK ABOUT YOU』に合わせて踊るダンス動画のほか、TWICEがシングルを出すと、ほとんどの曲でモモが振り付けを披露する公式動画が公開された。デビュー直後には、ダンスバトル番組「HIT THE STAGE」に出演。最高にクールなヴァンパイアダンスで、視聴者を魅了した。ビヨンセの『Crazy in Love』を使った、暴力を含む危険な関係がテーマのパフォーマンス（ミナも出演）では、記憶に残るすばらしい表現力を発揮。韓国ではこのテーマについて議論が巻き起こったほどだった。

TWICEコンサートのスペシャルステージやテレビ番組でのパフォーマンスは、モモの才能をアピールする場になっていた。ほかのグループのダンス担当メンバーとコラボすることもあったが、2019年には、姉のハナと一緒に踊ったダンス動画を公開した。日本のダンスグループThat crewでダンサーとして活動しているハナは、Imagine Dragons『Believer』に合わせたパフォーマンスで、妹に負けない柔軟性とコントロールを見せ、ONCEを驚かせた。その動画は、休暇中に時間があったからという理由で撮影されたものだった。ダンスはモモにとって自分を解放する手段だ。V LIVEでは多くのカバーダンス動画を公開し、ボーイズグループの複雑で難しい振り付けもコピーしている。

実際、モモの実力はどれほどのものなのだろうか？「IDOL RADIO（アイドルラジオ）」では、トップ振付師のリア・キムが、K-POP界で最もダンスがうまいアイドルとしてモモの名前をあげ、「神から遣わされたダンサー」と絶賛した。1度見ただけで振り付けを覚えることができ、さらに自分でアレンジを加えてより良いものにできる能力に驚いたという。

踊っているときのモモは自信にあふれ、独特のオーラを放っている。腹筋など、くっきり浮かびあがる筋肉は、パワフルな印象を与える。しかし、JYPの仲間は、モモの別の一面も知っている――バービーとテディベアが大好きで、いつもほかのメンバーにくっついてべたべたしているシャイな女の子だ。モモは、人見知りで内気な性格に悩んでいると話したことがある。当然、アイドルの親友もあまり多くはない。しかし、TWICEの中では人気者だ。日本人メンバー同士の絆は強く、とくに同じ日に練習生になったサナと仲が良い。2019年5月には、2人でハワイに旅行したこともある。ジョンヨンとはデビュー前から宿舎のルームメイトで、ナヨンは休暇中に日本のモモの実家に遊びにきたことがある。あるラジオ番組で、ツウィは、暇なときにいつも話を聞いてくれるからと、モモを「仲の良いメンバー」に選んだ。

宿舎では、モモはぼーっとしていることが多いとよく言われる。最近まで自分の血液型を知らなかったことや、ヘアアイロンでバービーの髪を溶かしたことを、メンバーにからかわれることもあった。ダンスの練習でたくさんカロリーを消費しているおかげで、モモはもうひとつの趣味、食べることにも打ち込める。「頑張ったらおいしいものが食べられる」はモモの座右の銘だ。いろいろな韓国料理を試してみることで、外国生活にも早く慣れることができた。好物は、チョッパル（スパイスで味付けした豚足）と、プデチゲ（ソーセージ入りのチゲ鍋）だ。

モモも、TWICEの愛犬家チームの1人だ。犬アレルギーで、犬に触ると腕や顔が赤くなることもあるが、気にしない。実家では3匹のジャックラッセルテリアを子犬から育てていた。ラッキー、プリン、ペコの名前は、必ずTWICEのCDのthanks toにクレジットされている。2002年5月、モモは午前2時にV LIVEを配信し、生後5か月のノーリッチテリアの子犬を紹介した。名前は、モモの大好きな映画「モンスターズ・インク」のキャラクターにちなんで、ブーと名づけられた。

パフォーマンスやV LIVE配信、そして「TWICE TV」を見た多くのファンが、モモ推しになった。モモにはたまらなくかわいい一面がある。たとえば、コメディ番組「ギャグコンサート」では日本から来たお掃除ロボットを演じ、英語で「Made in Japan」と繰り返すと、会場は爆笑の渦に包まれた。確かにモモは面白くてキュートだが（くしゃみもかわいい）、とくに話題になったのは、「SIXTEEN」でラップを担当したときに、「ピンクランボルギーニ」と言ったシーンだ。発音が好きだという人もいれば、いつものモモとは違うのが良いという人もいた。ジヒョは「TWICE TV 2」の第1話でこの部分のものまねを披露し、YouTubeでは、10分間ひたすらモモが「ピンクランボルギーニ」と繰り返すだけの動画まで現れた。そして、ONCEにとっては、モモとは切っても切り離せない言葉になった。

モモがバラエティ番組で見せる魅力に、完全にはまってしまった人がいる。SUPER JUNIORのヒチョルがモモに初めて会ったのは、司会を務めるバラエティ番組「知ってるお兄さん」だったが、視聴者が注目したのは、2016年の「週刊アイドル」での共演だった。番組のコーナーのひとつで、ゲストは誰がいちばんヒチョルの心拍数を上げることができるかを競うことになった。モモの番になって、最高の愛嬌とともにアニメ「ラブライブ!」のキャッチフレーズをまねて「にっこにっこにー」というと、ヒチョルの心拍数は急上昇した。モモはゲームの勝者になっただけでなく、ヒチョルのハートまでもゲットした。

ヒチョルはTWICEのコンサートをよく見に行く

ようになり、その後もバラエティ番組やインスタグラムの動画でモモと息がぴったり合っている様子を見せ、ONCEはそれを興味深く見守っていた（録画が始まる前に手をつないでいるように見える動画もあった）。2019年8月、ヒチョルはモモとの交際を否定する事態に追いこまれたが、1年後、2人が友人を経て交際していることを双方の事務所が認めた。かつては、アイドルの恋愛はファンの不興を買うことが多く、裏切りと考えるファンもいた。当然モモとヒチョルも、熱愛報道に対する世間のリアクションを心配していたはずだ。しかし、ヒチョルが13歳年上であることにやや驚いた人もいたものの、ONCEと多くのK-POPファンは、心から2人を祝福しているようだった。モモとヒチョルも、ファンの応援と愛に感謝した。

モモはONCEの間でも常に大人気で、モグリという特別な愛称で呼ばれている。韓国語でアライグマのことをノグリというが、モモの大きな目、抱きしめたくなるようなかわいさ、食欲、そしてそのほかの仕草もアライグマに似ているという理由で、このあだ名がついた。モモはV LIVEの女王でもあり、機会を見つけては（タクシーに乗車中でも）ファンに話しかけた。2019年8月には、QUEENの『ボヘミアン・ラプソディ』に合わせてピアノを弾くまねをしながら歌う姿を見せ、海外ファンを喜ばせた。その数か月前にモモが行った、たっぷり7時間のV LIVE配信も、ONCEの歴史に残る出来事だった。

モモのダンスの実力は疑問の余地がなく、グループへの貢献度は高い。ダンスブレイクの振り付けを考案するだけでなく、ほかのメンバーが振り付けを覚えるのを手伝う。ボーカルやラップでも活躍し、すばらしいビジュアルで魅了し、番組を見る人を楽しませ、メンバーとは良い友人関係を築いている。今になってみれば、「SIXTEEN」でモモを復活させようと思ったとき、パク・ジニョンには天のお告げか何かが聞こえていたのかもしれない。

사나

サナ

ステージネーム：**サナ**
本名：**湊崎紗夏（みなとざき・さな）**
ニックネーム：**ヘビ、サナコンダ、柴犬**
ラブリーの名前：**サブリー**
メンバーカラー：**紫**
国籍：**日本**
ポジション：**ボーカル、リードダンサー**
誕生日：**1996年12月29日**
星座：**やぎ座**
血液型：**B型**
身長：**164cm**

一度もK-POPを聞いたことがないという人でさえ、「シャーシャーシャー」の女の子のことは知っている。『CHEER UP』の一節であるこの歌詞をサナが歌ったのをきっかけに、TWICEは一躍スターダムに駆け上がった。ほかの誰でもよかったわけではない。日本人メンバーのサナには、どこか面白くて、かわいくて、魅力的なところがあり、3秒の動画を作るのにぴったりのキャラクターだった。後にONCEが気づいたように、サナは「バズる」動画を生み出す天才だったのだ。

たった14歳にして、すでに一目でわかる魅力を備えていたことが、サナがK-POPアイドルとしてのキャリアを歩み始めるきっかけになった。大阪で買い物中に、JYPのスカウトに声をかけられ、オーディションに出てみないかと勧誘されたのだ。サナは日本の第1次韓流ブームの中で育ち、少女時代やKARAなどのK-POPアイドルが大好きだった。そして、多くの日本のアイドルの卵が所属するダンススクールEXP GSTUDIOに通い、ダンスの経験を積んでいた。

翌日のJYPオーディションで、サナは少女時代の『MR.TAXI』に合わせて踊った。今その映像を見るとサナは恥ずかしがるが、ONCEはこの動画が大好きで、メンバーもサナをいじったり、ゲームで負けたときの罰ゲームとして同じダンスを踊らせたりする。パク・ジニョンもこのダンスを気に入り、サナを練習生としてソウルに呼んだ。ひとり娘を出発させる前に、母親はサナを2PMのコンサートに連れていった。そこで、サナは自分もアイドルになりたいということを確信し、両親は夢が叶うようにと願ってサナを送りだした。

2012年4月、15歳のサナは韓国でトレーニングを始めた。韓国語はまったく話せなかったが、覚えるのが早く、すぐにほかの日本人練習生のために通訳するようになった。その中には、親友のモモもいた。しかしサナは、とあるバラエティ番組で、ときどきわざと韓国語がわからないふりをしていたと暴露した――とくに、叱られているときに。

事務所はサナの優れた才能とビジュアルに目を付け、2014年にはGOT7のMV『A』に、メンバーの視線を奪うウェイトレス役として出演させた。サナは、JYPが準備していた日本人だけのガールズグループの候補だったが、6MIXのデビュー直前にメンバーが1人抜けると、急遽その穴を埋めることになった。その後、JYPは両方の計画を白紙に戻し、サナは「SIXTEEN」に参加することになった。

当初、視聴者はサナに何を期待すればいいのかまったくわからなかった――「SIXTEEN」のティーザーでは、サナはチアリーダーのユニフォームを着て側転していた。ほかの参加者が第1ミッションで歌やダンスを披露する中、サナは料理番組を再現した（生春巻きに有機野菜を使っていないことを説明する一場面まであった）。しかし、すぐにサナは、ただの変わり者ではないことを証明した。元気で明るいだけではなく、ダンスも歌も上手で、写真撮影ミッションでは「セーラームーン」の衣装を選び、すばらしい作品に仕上げたのだ。

もちろん、「SIXTEEN」では、参加者全員に試練が待ち受けていた。サナの場合は、ダンスの練習をめぐって、ダヒョンとミニョンの2人組と衝突した。サナは怒り、そして涙を見せた。天然でいつも笑っている女の子が、急に真面目になって、落ち着いて誠実に問題に対処しようとした瞬間だった。その後のゲーム対決で、サナは完璧なスターの姿を見せ（自分で浮き輪をひっくり返して水に落ちたりもした）、多くの票を獲得し、優秀な韓国人練習生数名を押さえて上位に入った。ジヒョは、「さまざまな面を見れば、サナはパク・ジニョンの求める基準をすべて満たしている」と語った。最後のミッションでは『Do it again（もう1回言って）』でラップまでこなした。後にレコーディングされたTWICEバージョンでは、そのパートはチェヨンが担当したが、サナのラップも見事だった。「SIXTEEN」の目的がスターを探すことだったとしたら、まさに番組はサナという金脈を発見したのだ。

TWICEのデビューシングル『Like OOH-AHH』のMVが公開されると、サナがグループの〝お笑い〟担当であることが世に知れ渡った。ミナやモモの体の柔らかさをまねしようとして失敗して自分で笑ってしまったり、メンバーがかっこよくバスから飛び下りる中、1人だけ尻もちをついたり。けれど、ツインテールのサナはとてもかわいかった。JYPは、サナの人に愛されるカリスマ性をMVであますことなく表現していた。しかし、次には事務所すらも計画も予想もしていなかった事態が起こる。

サナが『CHEER UP』の一節「シャーシャーシャー」を歌う動画は、まるで山火事のようにあっという間にインターネットに広まった。頑張って練習した英語の発音を馬鹿にされていると思ったサナは、最初は怒った。しかし、次第に「シャーシャーシャー」が何回も再生されるのは、多くの人に愛されているからだということがわかってきた。JYPもすぐにこの動画の可能性に気づき、プロモーション活動では、サナが最高の愛嬌を見せる振り付けを追加した。

こうして大きな話題を巻き起こしたサナは、グループの中で自分だけのイメージを確立していった。大きな目と弾けるような笑顔でかわいらしくふるまうこともできたが、とくにコンサートのスペシャルステージではワイルドかつセクシーにもなった。それどころか、両方のイメージを同時に演出することもできることから、「キューティーセクシー」担当と呼ばれるようになった。インターネットには、ステージ上のサナ、ウインクするサナ、うさぎの耳をつけたサナ、柴犬そっくりのサナ、ただ眠たそうにしているサナまでが映像で拡散された。

一般の人々がサナのことを「シャーシャーシャー」の子だと思っている間に、ONCEは先に進んでいた。「知ってるお兄さん」から、また別のかわいい伝説が誕生していたのだ。メンバーはこの番組で、イヤホンガンガンゲームと呼ばれる伝言ゲームをすることになった。ノイズキャンセリングヘッドホンを付けて、口の動きだけを見て答えを当てるというルールだ。サナはジョンヨンからの伝言を無事に解読したのだが、「チーズキンパ」の言い方があまりにかわいかったため、その動画が何千回も再生されることになった。

サナのステージ裏での仕草やV LIVEやバラエティで見せる明るく外向的な性格は、ONCEを楽しませた。いつも何かにぶつかったり転んだりしている、不器用なところも面白かった。そして、意味不明だがかわいい発言をすることでも有名になった。「緑茶は緑色」「机は机だと思ったんです」「炭酸の入っていない炭酸水みたいです」などなど。サナについて知るたびに、ファンはサナのことをもっと好きになっていった。怒ったときにこぶしを振り上げるところ、突然の「オヒョ」（意味はないがなんとなく言いたくなったらしい）、ストレスがたまると新しい靴を買うこと、丸めがねをかけていてハリー・ポッターに似ているといわれたときの嬉しそうなリアクション。なかでもONCEが愛しているのが、ほかのメンバーとの交流だ。とてもフレンドリーでスキンシップが大好きなサナは、いつも誰かにキスをしたり、キスを迫ったりしている——とても信じられないことだが、ジヒョによれば、お酒が入るともっとかわいくなってキス魔になるらしい。海外ONCEの間では、誰にでも愛嬌をふりまき、次々とほかのメンバーに乗り換えることから、冗談半分で「ヘビ（英語圏では誘惑のイメージ）」とも呼ばれている。

宿舎で生活をともにするメンバーは、サナのハイテンションぶりに慣れてきたようだ。一緒にふざけたり、煽（あお）ったり、からかったりすることもあれば、ただスルーすることもある。当初は大きな部屋をミナ、ジヒョ、ナヨンと一緒に使っていた。３人とも、長年の友人だ。サナはＪトリニティ（日本人メンバー）の一員でもあり、モモとミナとの間には強い絆がある。モモが「ＳＩＸＴＥＥＮ」で脱落したときのサナのひどく動揺した様子からも、２人がどれだけ仲が良いかがわかる。２０２０年４月には、サナとモモは出会いから８年目を迎えた。しかし、四六時中一緒にいても、お互いの存在に飽きるということはないようで、休暇中に一緒に旅行に行くこともある。サナはミナとも仲が良く、２０１９年のミナの不在はかなりつらかったようだ。休養期間中、サナはミナの写真をスマホの待ち受けにして、観客にもミナのことを思いだしてもらうためにペンギンのぬいぐるみを持ち歩いていた（もちろん、ファンがミナを忘れることはなかったけれど）。

韓国でも、日本でも、そして世界でも、ＯＮＣＥはサナのことが大好きだ。「サナ」は韓国語の「生きる」という言葉に似ていて、ファンは「サナオプシ、サナマナ（サナがいなかったら生きていても仕方がない）」というフレーズを作りだした。海外ファンは、これをさらに"No Sana, No Life"と英訳した。サナがファンにとってどんな存在かをぴたりと表したこの言葉は、かけ声やスローガンとして、ＴＷＩＣＥのコンサートに必ず登場する。

しかし、K-POPアイドルであるということは、常に言動を厳しくチェックされるということでもある。そのせいで、いつも明るいサナから笑顔が消えたことがあった。２０１９年５月、日本の天皇が退位して、サナが生まれた平成の時代が終わり、新しく令和が始まった。サナはＴＷＩＣＥの公式インスタグラムアカウントに、平成に別れを告げるコメントを投稿した。ところが、一部の韓国人は、日韓関係や歴史問題を踏まえると、このコメントは配慮が足りないものだと非難した。この批判を受けて、明らかにサナは落ち込んでいた。しかし、サナは勇気を出してその批判に向き合った。５月末にソウルで開かれた「Twicelights」のコンサートでは涙ながらに思いを語り、議論が起きても変わらず応援してくれたＯＮＣＥに感謝を伝えた。

素顔でファンを魅了するだけでなく、サナは音源やＭＶ、パフォーマンスでも、ＴＷＩＣＥにとって欠かせない存在だ。どのメンバーもそうだが、サナにももっと歌うパートがあっても良いはずだと考えるファンがいる。出番は短いが、はちみつのように甘い声は確かに多くの曲でアクセントになっているし、『What is Love?』や『Like a Fool』では、サナの歌声が実にいい仕事をしている。そして、サナが『Feel Special』のサビで披露した情熱的な歌声は、今までサナの歌唱力を評価していなかった人々を驚かせた。また、この曲では、才能あるダンサーであることも証明した。ダンスの実力に惜しみない笑顔、次々と繰り出される色っぽい表情も相まって、サナのステージでの存在感はひときわ強いものになっている。

サナはグループでも人気の高いメンバーのひとりで、日本だけでなく、韓国でも愛されている。２０１９年、K-POPアイドルの人気ランキングでは15位に入り、外国人としてはトップだった。もちろん、海外での人気も高い。ＴＷＩＣＥとしてデビューしてからずっと、すばらしいビジュアルで人気を集めている。サナはそのキューティーセクシーなスタイルで、チアリーダーのユニフォームやガーリーな衣装をさらにワンランクアップさせてきた。『LIKEY』の青いチェックのワンピースはとてもよく似合っていたし、『FANCY』のピンクと白のシャネルの衣装はバービー人形のようだと話題になった。『Feel Special』のグリッタードレスや黒いレザージャケット、赤のニーハイブーツのように、セクシーな衣装も着こなすことができる。

カムバックのたびに、サナはビジュアルを一新してファンの期待に応えてきた。最初の1年半だけで、少なくとも10回はヘアカラーを変えた。オレンジ、赤とピンクの夕焼け色のグラデーション、サナがいちばんお気に入りのプラチナブロンド。そしてＬＧツインズの野球の試合で見せたシルバー。サナの髪色チェンジはこれで終わらず、紫のメッシュや鮮やかなピンクにも挑戦し、２０２０年にはついに髪を切って、オレンジのミディアムヘアを披露した。

サナがメンバーとONCEのことを心から愛していることは、いつもポジティブで優しさを忘れない姿によく表れている。2020年6月、アメリカのオンラインK-POPメディアSoompiのインタビューでは、こう語った。「これまで長い時間をファンやメンバー、スタッフのみなさんと過ごしてきました。これからも、ずっと一緒にいたいと思っています。永遠など存在しないという言葉もありますが、私はみなさんと永遠に一緒にいたいと思います」──この言葉に、ONCEは大喜びしたはずだ。なにしろONCEの座右の銘は、"No Sana, No Life"なのだから。

지효

ジヒョ

ステージネーム：ジヒョ
本名：パク・ジヒョ
ニックネーム：神、マイク、トーマス
ラブリーの名前：ジブリー
メンバーカラー：オレンジ
国籍：韓国
ポジション：リーダー、メインボーカル
誕生日：1997年2月1日
星座：みずがめ座
血液型：O型
身長：160cm

神というあだ名がつくのはよほどのことだが、TWICE関連のオンラインフォーラムをのぞくと、すぐにジヒョを神と呼ぶコメントが見つかる。いったいどんなことをして、ジヒョはそう呼ばれるようになったのか？何もしていない、とも言える。ステージでも私生活でも、ただ自分らしく振る舞っていただけだ。すべてが神だとも言える。献身的で、思いやりにあふれ、ポジティブで、チャーミングで、歌とダンスの実力があり、美人だ。それでいて、ジヒョはスターになるために、TWICEのほかのどのメンバーよりも困難な道のりを歩んできた。今でも苦労は絶えないが、必ず乗り越えてみせると固く決心している。

ソウルから車で20分ほどの九里（クリ）市で育ったパク・ジスは、2004年8月に、アイドルへの第1歩を踏みだした。両親に勧められ、7歳でジュニアネイバー子役オーディションに出場し、2位に選ばれる。その姿がJYPスカウトの目にとまり、2005年に練習生になった。ＪＹＰに入社したばかりの頃の写真には、楽しげでとてもかわいい女の子が写っている。先輩練習生にもかわいがられ、２ＰＭとしてデビューしたＪｕｎ．Ｋ、２ＡＭのメンバーで司会者としても活躍したチョ・グォン、そしてＷｏｎｄｅｒ Ｇｉｒｌｓとしてデビューするソネなどとも一緒に過ごした。

通常、ＪＹＰ練習生の練習期間は約３年だ。ジヒョは早くからトレーニングをスタートしたため、練習期間が長くなることは予想できたものの、ジヒョの後に入社した練習生が次々とデビューしていった。Ｗｏｎｄｅｒ Ｇｉｒｌｓ、２ＰＭ、そしてｍｉｓｓ Ａ。２０１１年、化粧品メーカーinnisfree（イニスフリー）のティーン向けラインＴＮのイメージキャラクターを務めたが（ナヨンとボーイズグループＢＯＹＦＲＩＥＮＤも一緒だった）、なかなかデビューの時は訪れなかった。２０１４年、ようやく新しいガールズグループ６ＭＩＸのメンバー候補に選ばれた。しかし、あと少しというところでパク・ジニョンは計画を変更し、扉は閉ざされてしまった。「ＳＩＸＴＥＥＮ」が始まる頃には、ジヒョが練習生になって10年が経っていた――Ｋ-ＰＯＰの世界でも、下積み期間としてはかなり長い年月だ。

「ＳＩＸＴＥＥＮ」の放送前に、ジヒョは本名を公式にジスからジヒョに改名した。すべて完璧にしなければならなかった。失敗は許されない。ジヒョはこうコメントしている。「とても若いときに（パフォーマンスを）始めたので、ほかのことはできない気がします」――番組では、ジヒョは生まれながらのパフォーマーで、ソロで歌っても、グループミッションで高音を担当しても圧倒的だった。年齢では上から５番目だったが、ほかのチームも含めた練習生全員に気を配り、チームメイトがやる気をなくすと練習を続けるようにと励ました。参加者からの信頼も厚く、誰がＴＷＩＣＥにふさわしいか、メンバー同士でおこなった投票では1位になった。サナは「ジヒョは完璧で、いつもほかの人のことを考えてくれます」と語った。

ジヒョは放送中、大きなプレッシャーを受けていたが、驚くことにそれでも実力と思いやりを発揮できていた。第2ミッションではカメラマンに「太っている」と言われ、この指摘は番組の最後まで、そして番組が終わっても、ジヒョにつきまとうことになった。ジヒョの母親によれば、6MIXがデビューできなかったストレスで、ジヒョは1週間で10キロ体重が増え、それからずっと減量できなかったという。誰が見てもジヒョ推しだったパク・ジニョンも最初は擁護したものの、やがて彼自身も体重管理ができていないと注意するようになった。ジヒョはというと、その後のミッションで、ありのままの体型のすばらしさを歌ったメーガン・トレイナーの『All About That Bass』をカバーし、最高のパフォーマンスを見せたのだ。これはとてもジヒョらしい反撃だった。最終ミッションの審査では、パク・ジニョンも「ジヒョは完璧でデビューの準備ができている」と認めざるを得なかった。視聴者の投票では8位だったが、ジヒョは最終メンバーに選ばれた。

最初にTWICEのメンバーがしなければならなかったのは、グループのリーダーを選ぶことだった。食事の内容から住宅環境まで、リーダーはグループを代表して交渉しなければならない。パク・ジニョンは、リーダーは自分よりもメンバーを優先できる人でなければならないと強調した。どう考えても、ジヒョはリーダーにぴったりだった。謙虚だが、メンバー全員に尊敬されていた。思いやりがあり、面倒見がよかった。6歳下と12歳下の2人の妹がいるため、経験豊富だったこともある。口が達者で説得力があり、実際誰よりも声が大きかった。匿名の投票をおこなった結果、やっぱりジヒョがリーダーに選ばれた。

ジヒョはすぐに、自分がリーダーにふさわしいことを証明した。記者会見、インタビュー、授賞式では、グループを代表してスピーチをした。意志は強いが、優しい心の持ち主で、すぐ泣くのは誰かと聞かれると、メンバーは必ずジヒョの名前をあげる。実際、デビューショーケースでも、初めて音楽番組で勝ったときも、ジヒョは涙を流していた。最初の単独コンサートのラストでは、その瞬間が自分にとってどんなに意味があるものか、泣きながら語った。「10年間練習生として過ごしてきて、諦めようと思ったことがなかったといったら嘘になります。1年半前までは先輩のコンサートに行って、観客席の端のほうに座り、もし自分がこのステージに立つことができたらどんなパフォーマンスをするだろうと考えていました」——これを聞いて、多くのONCEが涙した。

ファンは最初からジヒョが大好きで、彼女の明るい性格、繊細さ、そしてユーモアのセンスを愛した。かわいいポーズが得意で、「愛嬌の女王」とも呼ばれた。メンバーの間では、声が大きいので「人間マイク」というあだ名がついた。自分では、ポケモンのプリン（ピンクで丸く、目がぱっちりしている）に似ていると言い、機関車(きかんしゃ)トーマスとも名乗っていた。確かに、ジヒョのトーマスのまねは笑えたし、とてもよく似ていた。

メンバーの中では、練習生として長い時間を一緒に過ごしたナヨンとジョンヨンがとくに親しく、6MIXで一緒にデビューしかけたサナとも仲が良かった。たまにメンバーを叱ることもあったが（それがリーダーの役割なのだ）、ふざけるのが好きで、メンバーによくいたずらすることでも有名だった。ツウィとの間にある、特別な絆も見逃せない。母国を遠く離れてやってきたマンネの面倒をよく見て、ツウィが宿舎で1人にならないように、実家に泊めてあげたこともあった。

TWICEがK-POPスターへの道を駆け上がる間、その中心にいたのはジヒョだった。ジヒョの弾けるような笑顔はどのパフォーマンスでもよく目立ち、メンバー全員を覚える前でも、ジヒョは大きな目が特徴的ですぐに見分けがついた。メインボーカルを務めるジヒョの頼もしく力強い歌声は、TWICEの楽曲の主役だ。とくに生のパフォーマンスではジヒョの歌声が際立っている。非公式なソロ音源もいくつか発表していた。2016年には、「覆面歌王」に出演してロマンチックで深い歌声を披露し、〝覆面〟を取ったときには審査員をあっと言わせた（このときSEVENTEENのDKとデュエットもしている）。V LIVEで配信したTWICEの「MELODY PROJECT」では、Lovehollics の『Butterfly』などをカバーし、美しい歌声で魅了した。2020年には、プロジェクトの続編としてチャン・ヘジンの『One Late Night of 1994』をカバー。初めて聞く大人っぽいジャズ調の歌声に、ファンは驚いた。

また、ジヒョはグループで初めて作詞に挑戦したメンバーの1人だ。チェヨンと一緒に、EP『SIGNAL』に収録されている『EYE EYE EYES』の歌詞を書いた。ナヨンと一緒に『Twicetagram』の『24/7』を作詞した後は、1人でも書くようになった。初恋の思い出を込めた『HO!』、恋愛の苦しみと中毒性を詩的で壮大な比喩で表現した『SUNSET』、自分の経験を踏まえて書いた夢に向かって努力している人のための応援ソング『GIRLS LIKE US』、そして『Feel Special』に収録されている、怒りを表現した『GET LOUD』。作詞家としての成長が、1曲ごとに感じられる。

パフォーマンスとリーダーシップを評価されながらも、TWICEとしてデビューしてからもずっと、ジヒョは体重についての批判にさらされ続けてきた。どの女性アーティストも痩せすぎというくらい痩せている業界では、ジヒョのふっくらした頬とやや丸みのある体型は悪目立ちし、「SIXTEEN」の時点ですでにやり玉にあげられていた。デビュー前には3か月の厳しいダイエットに励み、それからも減量を続けたが、誹謗(ひぼう)中傷は止まなかった。2020年の「allure」誌のインタビューでジヒョは、「非現実的な」イメージに自分を合わせることについて堂々と反論し、痩せる必要を感じないと答えている。

多くのファンは、本人よりも先にジヒョの魅力に気づいていた。『CHEER UP』のチアリーダーの衣装も、『KNOCK KNOCK』の文字プリントのワンピースも、『TT』の「アナ雪」エルサのコスプレも、かっこいいピンストライプスーツも、授賞式のスーツやワンピースも、どの姿もすべてファンを魅了した。しかし、息が止まるほどファンを驚かせたのは、『Dance The Night Away』のビジュアルだった。こんがり日焼けした肌に、毛先をシルバーにブリーチしたロングヘアはいかにも夏らしく、白の衣装を着たジヒョはとても美しかった。

デビューしてからの数年間、ジヒョは髪を長く伸ばしていた。『Like OOH-AHH』の真っ赤な髪も、ポニーテールにしても、明るくしてパーマをかけても、黒髪で前髪を下ろしても、ロングヘアであることに変わりはなかった。初めて短くしたのは、2018年の秋。ONCEはジヒョのボブに熱狂したが、「Mカウントダウン」の『FANCY』のステージでおでこを出した黒髪のボブにすると、さらに大きな興奮がインターネットを駆けめぐった。シックな美女に変身したジヒョは、2019年末、日本での「Twicelights」コンサートで初めて金髪を披露。2020年4月にはピンクの色味を加えて、金髪ラインのメンバーの中でも一際目立っていた。

ジヒョの人気は、TWICEメンバーとONCEだけのものではない。練習生期間が長かったことから、たくさんのアイドルの友人がいる。miss Aのスジ、ジヒョと同じ日にJYPに入社したWonder Girlsのソンミ、2PMのニックンやテギョン(11歳のときにテギョンをかばんで殴ったことを後悔していて、今でも許してもらえていないと話しているが)。GFRIENDのソウォン、イェリン、ウナ、OH MY GIRLのスンヒ、IZ*ONEのヘウォンとも親しい。しかし、何と言っても注目を集めたのは、元Wanna Oneのカン・ダニエルとの恋愛だ。2019年8月に、双方の事務所が「お互いに好感を持っている」と発表したが、同じ年の1月にはすでに交際をスタートさせていたと報道されている。2019年にはカン・ダニエルがソロデビューし、忙しいスケジュールの中で会える時間は限られているが、順調に交際を続けていた。しかし、2020年11月に、残念ながら2人が破局したことを事務所が認めた。

ONCEは、TWICEのリーダーに繊細な一面があることもよく知っている。パフォーマンスできないかもしれない、と思うほど緊張することがあると自分でも認めているし、ステージで泣く姿も目撃されている。しかしながら、2020年1月、オンラインチャットでのファンの質問に対して、ジヒョがやや刺々(とげとげ)しい反応を返すと、一部のファンからかなり厳しい批判が浴びせられた。このことに対してジヒョは、ONCEに向けたメッセージを公開するという異例の対応をとる。当時不安に苦しんでいたと率直な文章で釈明し、謝罪したのだ。「今後、芸能人でアイドルである限り、いろいろな問題や噂が出てくると思いますが、しっかりやっていきます。一緒に幸せに笑って過ごせる時間を、ほかの(ネガティブな)ことに使わせたくありません」と。

ジヒョには、愛すべき点がたくさんある。明るい笑顔、つられて笑いたくなってしまうような笑い声、歌唱力、リーダーシップ、魅力的なダンス、そして大きな茶色の目。競争は厳しく、人気ランキングでトップになるタイプではないかもしれない。しかし、勇気を出して胸の内をさらけだし、グループに尽くすジヒョを誰もが尊敬している。まさに、ジヒョはTWICEの神なのだ。

ミナ

ステージネーム：ミナ
本名：名井　南（みょうい・みな）
ニックネーム：ペンギン、ミナリ、ブラックスワン、ブリッジの女王
ラブリーの名前：ミブリー
メンバーカラー：ミントグリーン
国籍：日本
ポジション：メインダンサー、ボーカル
誕生日：1997年3月24日
星座：おひつじ座
血液型：A
身長：163cm

2019年にミナが活動を休止せざるを得なくなったとき、彼女がどれほど世界中のONCEに愛されているかが明らかになった。ネット上でもコンサートでも、ファンは驚くほど熱心にミナへの愛を表現し、日本から来たシャイで美しい〝ペンギン〟をどれほど大切に思っているか態度で示した。

K-POPアイドルは愛嬌、つまりかわいい表現やジェスチャーをするのが当然とされているが、ミナの場合、愛嬌が苦手だとよく発言している。といっても、それはいつもの謙遜で、実際はほかのメンバーと同じくらいかわいくポーズをとることができる。ミナがほかと違うのは、意識する必要がないということだ。ミナの立ち居振る舞い、ほほえみ、美貌、魅力があれば、努力しなくてもかわいさを爆発させることができる。

子ども時代の写真からは、ミナに昔からその魅力が備わっていたことがわかる。ミナはアメリカのテキサス州サンアントニオに生まれ、まだ幼い頃に日本に帰国した。父親が大阪大学医学部附属病院の重要な役職に就くことになったからだ。ミナは兄とともに神戸で育ち、カトリック系の有名な私立中高一貫校に通った。

2013年、16歳のミナは、大阪で母親と買い物中にJYPのスカウトに声をかけられた。その日は日本で行われたJYPオーディションの最終日だったが、ミナはすぐに参加したいといった。過去にも何度かオーディションを受けたことはあったが、JYPのような大手にアピールする機会を逃すわけにはいかなかった。もちろん緊張はしていたが、ミナには自分の実力に自信を持つだけの理由があった。11年間バレエを習い、K-POPもよく聞いていた。ほかの日本人メンバー同様、日本を席巻した第1次韓流ブームの真っただ中で育った世代だった。中学校の友だちから少女時代などのアイドルを教えてもらい、一緒にダンスをカバーした。その後まもなく、ミナはバレエに加えて、大阪のURIZIPダンススタジオでK-POPのダンスレッスンを受けるようになった。2012年ゴールデンディスクアワードの授賞式が大阪で開催されたときには（初の韓国国外での開催だった）、少女時代のパフォーマンスを生で見ていた。

歌とダンスのスキルを評価され、ミナはJYPのオーディションに合格した。当初、両親は韓国行きには反対だったという。ミナはバレエも勉強も、とてもよくできたからだ。しかし、ミナはK-POPアイドルになるという夢に真剣だったし、情熱を持っていた。両親を説得したミナは、2014年の1月にソウルでの練習生生活をスタートさせる。入社後、サナやモモやほかの練習生と一緒に、JYPの新しい日本人グループとしてデビューするために準備していたが、その計画が頓挫すると、18歳のミナはTWICEに入るべく、15人の候補と競争することになった。

ミナは、「SIXTEEN」で幸先の良いスタートを切った。ティーザーが公開されただけで、多くのファンができたのだ。視聴者はミナの純粋そうな見た目や、優しい話し方、かわいい笑い声にまず惹（ひ）きつけられ、ブリトニー・スピアーズ『Breathe On Me』のなまめかしいダンスカバーを見て、一気にその魅力に引きずりこまれた。インタビューで「ケチャップが宝物」だと答え、不思議な一面を見せたのも良い結果につながった(ハインツのケチャップでなければだめだというのも忘れなかった)。出だしは好調だったが、そこはリアリティー番組。まだ乗り越えなければならない試練が待っていた。

練習生になって1年と少ししか経っていなかったにもかかわらず、ミナはすぐに実力を発揮した。バレエスキルをアピールした第1ミッションでは残念な結果に終わったものの、その後ミナは、卓越したスキルでパク・ジニョンを魅了していく。そして、写真撮影ミッションで見せた白雪姫の継母のダークなコンセプトやビヨンセの『Drunk in Love』のすばらしいダンスカバーで、見事メジャーチームの常連に。しかし、さらに番組が進行すると、パク・ジニョンはミナのステージ上での存在感不足を指摘するように。メジャーとマイナーを行ったり来たりするうちに、ミナは自信を失っていった。ジョンヨンとナヨンとチームを組んだミッションでは、自分の実力不足を痛感し、くじけて涙を流す場面もあった。

ミナのターニングポイントは、番組の後半、自分より年下のナッティやソミと同じチームになったミッションだった。これまでは、年上の練習生についていけばよかった。だが、今回はリーダーとしてチームを引っ張らなければならない。その結果、パフォーマンスでは、遊び心あふれる積極的な面を見せることができた。パク・ジニョンの『Who's your mama?』の歌詞を替え、理想のタイプはパク・ジニョンだと歌うあざとさでも魅了した。最終ミッションの1曲目では緊張が走ったが、最後には力強いパフォーマンスを披露。視聴者は、物静かだが笑顔が美しい日本人の少女に夢中になり、歌とダンスのスキルにも感銘を受けた。結果、ミナは視聴者投票の最終順位で4位につけた。パク・ジニョンとスタッフは、まだミナは完成されたアイドルではないが、番組を通して、ＴＷＩＣＥの貴重なメンバーになるだけの可能性が十分にあると判断した。

ミナには、どこか特別なところがある。自分の推しとしてミナの名前を挙げるファンの多くが、そう口をそろえる。うまく言葉にはできないが、控えめな性格、かわいい表情、繊細な容姿、エレガントなダンス、そしてその美貌――すべてが組み合わさった何かなのだろう。なにしろ、上品に車から降りるだけで、その動画が拡散されるくらいなのだ。

どんな髪型をしていても、ミナはとても美しかった。『Like OOH - AHH』の赤みがかった髪色。『What is Love?』の前髪。そして『MORE & MORE』の金髪（髪が傷んでいないから染めるようにと、メンバーに言われたらしい）。アスリートのような腹筋やモデルのような肩を露わにすることもあれば、スーツやロングドレスをエレガントに着こなすこともある。ＯＮＣＥの間でとくに人気だったのは、『CHEER UP』の学生スタイルによく似合っていた、明るいブラウンのミディアムヘア。『YES or YES』の青と赤のチェックのシャツに黒のエプロンドレスを重ねたスタイル。そして『FANCY』のシックなVERSACEのミニドレスと、ポニーテールの情熱的な組み合わせも人気が高かった。振り付けに合わせて、高い位置で結んだ髪が揺れるのが最高だった。

ミナのようにシャイな人間は、ＴＷＩＣＥとしてバラエティ番組に出演することを重荷に感じるものだ。それでも、ミナは自信のあるダンススキルで見る人を楽しませた。「知ってるお兄さん」ではＫ-ＰＯＰのヒット曲に合わせてバレエを踊った。「人気歌謡」では『Like OOH - AHH』のダンスブレイクでＹ字バランスを披露し、柔軟性をアピール。そして「ランニングマン」では、大流行したＡｙｏ＆Ｔｅｏの『Rolex』を面白おかしく踊って大爆笑を巻き起こし、ＯＮＣＥに新たな一面を見せた。

ミナのダンススキルは、ＴＷＩＣＥのパフォーマンスやコンサートの重要な要素となっている。パク・ジニョンが、正式にミナのポジションをリードダンサーからモモと同じメインダンサーに変更したほどだ。振り付けが決まっているときは、常に正確でコントロールの効いたエレガントなダンスをさらりと披露するが、フリースタイルでは、エネルギーと斬新さを見せてくれる。コンサートのスペシャルステージでカバーダンスをすればきらきらと輝き、モモのパワーとミナのエレガントさがすばらしいコントラストを生み出す。それがいちばんよく表れているのは、２人で「ＨＩＴ ＴＨＥ ＳＴＡＧＥ」に出演したときに披露したビヨンセ『Crazy in love（Remix)』のパフォーマンスだろう。

TWICEにおけるミナの活躍は、ダンスに留まらない。歌唱力も高く、ONCEはミナの優しい癒しの歌声を楽しみにしている。9人という大人数のグループにしては、ミナのパートは多いほうだ。『LIKEY』や『TT』ではサビも担当し、『Ice Cream（溶ける）』、『THREE TIMES A DAY』、『TRICK IT』などでもかなり目立っている。ヴァースやクライマックス直前のパートを歌うことが多いため、ONCEには「ブリッジの女王」とも呼ばれている。『KNOCK KNOCK』から『Candy Pop』、『ONE IN A MILLION』から『Be as ONE』まで、ミナの天使の歌声は、曲の変化と進行に重要な役割を果たしている。

ONCEがミナにつけたニックネームはほかにもある。バレエのスキルとエレガントな身のこなしから〝ブラックスワン〟と呼ばれることもあれば、メンバーがつけた〝ミナリ〟という愛称で呼ばれることもある。物静かでおとなしいが、ちょっと変わったところもあるミナの性格にぴったりだ。ミナがメンバーをからかったり、かわいい声で笑ったりする姿がONCEは大好きだが、いちばん人気なのは、怒ったミナの動画かもしれない。VLIVEの配信中、自分が読みあげたコメントを誰も聞いていなかったことに気づくと（声が小さくて聞こえなかった可能性もあるが）、ミナは最高にかわいく怒ってみせた。

「SIXTEEN」のインタビューで、ミナは〝ペンギン〟と呼ばれていると語った。ファンはこういった発言を忘れないものだ。それ以来、ミナのもとにはペンギンのプレゼントが大量に届くようになった。その後もペンギンの着ぐるみを着たり、ペンギンのぬいぐるみを抱いたりするミナの姿がよく目撃されている。このあだ名がついたのは、ペンギンにちょっと似ていて腕をぱたぱたするからということもあるが、いちばんの理由は、歩き方がペンギンに似ているからだ。足を外に向けたぎこちない歩き方は、間違いなく、長年のバレエレッスンの影響だろう。しかし、そこは完全無欠のアイドル、必要が生じれば（レッドカーペットやステージの花道など）、ハイヒールでもタイトなドレスでも、ダンスと同じくらいエレガントに歩くことだってできた。これは、TWICEのビジネスのための歩き方として、韓国のファンの間では〝資本主義ウォーキング〟と呼ばれている。

休日は、できるだけ長くベッドの上で過ごそうとすることでも有名だ。1日中映画を見ていることもある。TWICEでいちばん内気なメンバーだけあって、趣味も1人でするものが多い。レゴが大好きで（「ストレンジャー・シングス」や「ハリー・ポッター」のセットを完成させて公開したこともある）、スケジュールの空き時間には編み物を楽しんでいる。セーブ・ザ・チルドレンの慈善活動の一環として、ニット帽を編んだこともある。しかし、いちばん好きな暇つぶしは、なんといってもゲームだ。「エルソード」の大ファンで、CMにも起用された。20分間、「マインクラフト」をプレイする実況動画を配信したこともある。2020年には、ゲーム用のパソコンと機材を買って、プレイ環境を整えたことも報告した。

パク・ジニョンは、2019年リリースのシングル『Feel Special』を作詞するにあたり、メンバー1人ひとりにヒアリングをした。ミナが歌うヴァースは、世界が意味を失って隠れたくなるが、ONCEとTWICEによって元気づけられるという内容だ。9月にシングルが発売されると、この歌詞はいっそう重要な意味を持つようになった。ミナが不安障害と診断され、TWICEとしての活動を休止することが発表されたからだ。

健康状態について公にしたミナはとても勇敢だったし、JYPの対応は、K-POP界にとって大きな一歩になった。これまで、メンタルヘルスの問題はタブー視され、見て見ぬふりをされることが多かったからだ。ワールドツアーの期間中はことあるごとに、TWICEもONCEもミナの存在を忘れていないことをアピールした。メンバーはおじぎをするときにはミナの分のスペースを空け、ペンギンのぬいぐるみと一緒にグループ写真を撮り、9人で戻ってくると観客に約束した。コンサートで『AFTER MOON』のイントロがかかると、ONCEはミナの名前を叫び、ペンライトを光らせてミントグリーンの海を作り、応援の気持ちを伝えた。

2020年になると、ミナはいくつかのプロモーション活動に参加し始め、日本での「Twicelights」ツアーにも部分的に出演した。そして2月11日の福岡公演では、初めて9人全員で『Feel Special』のパフォーマンスを披露する。この日は、観客の前に立ってコメントもした。ミナの明るく健康的な姿と今までと変わらない軽やかなダンスは、メンバーとONCEの心を大きく揺さぶった。すぐに、#ProudOfYouMina（ミナを誇りに思う）のハッシュタグが世界中でトレンド入りした。TWICEとONCEの大切なペンギンが戻ってきたのだ。心配もしたし、寂しい思いもしたが、再びステージの上に立つミナの姿を見るのは、このうえない喜びだった。

다현

ダヒョン

ステージネーム：**ダヒョン**
本名：**キム・ダヒョン**
ニックネーム：**トゥブ（豆腐）、トゥブジョッシ（豆腐おじさん）**
ラブリーの名前：**ダブリー**
メンバーカラー：**白**
国籍：**韓国**
ポジション：**リードラッパー、サブボーカル**
誕生日：**1998年5月28日**
星座：**ふたご座**
血液型：**O型**
身長：**159cm**

「ダヒョンは、ラップも歌もダンスも物足りない」——

これは、パク・ジニョンが「SIXTEEN」のクライマックスでTWICEの最終メンバーにダヒョンを選んだときのコメントだが、あまりほめているとは言えない。幸い、このコメントには補足があった。「ダヒョンを選ぶ理由は、観客の視線を奪う力が本当にあるからだ」

パク・ジニョンは、ダヒョンのパフォーマンススキルを過小評価していたかもしれないが、特別な才能を見逃してはいなかったことは、その後の5年間で証明されることになる。「豆腐」とほかのメンバーから呼ばれるダヒョンは、TWICEの元気の源だ。独特で面白いダヒョンのキャラクターは、個性あふれるTWICEというグループにさらに新たな一面を加えている。

ダヒョンは、JYPに入社する前から、ある意味スターだった。ソウルから20キロ南東の衛星都市、城南（ソンナム）市で育ったダヒョン。両親と兄ミョンスとともにキリスト教の教会に通い、よくそこで歌やダンスを披露していた。2011年、まだ13歳のとき、教会で踊るダヒョンの動画がインターネット上で話題になった。ダンスはもちろん上手かったが、視聴者を引きつけたのは、髪を振り乱しながら腕をばたばたと動かす衝撃的な動きだった。ダヒョンは、「鷲ダンスを踊る教会の少女」として知られるようになった。このダンスは2018年に、ビデオゲーム「フォートナイト」のエモート（キャラクターのアクション）にもなっている。

これだけでも、K-POPの事務所がダヒョンの特別な才能に気づくには十分だったかもしれないが、現実には、ダヒョンは翌年の青少年ダンス大会でスカウトされた。そこでも、ダヒョンは目立っていた。高校生や大学生の参加者がグループでカバーダンスを踊るなか、まだ中学生だったダヒョンは1人でステージに上がり、自分で振り付けしたダンスを披露したのだ。韓国の三大事務所（JYP、SM、YG）からオーディションに呼ばれたダヒョンは、そのすべてに合格し、最初に連絡してきたJYPを選んだ。

ダヒョンは2012年7月7日に14歳でJYPに入社し、3年と少し練習生として過ごした。学校が終わるとすぐに、トレーニングが始まるという忙しい日々だった。JYPスタッフは、ダヒョンは自信家だが、反抗的な面もあることに気づく。ダヒョンはテレビ番組「同床異夢、大丈夫大丈夫」で、「練習生だった頃、これをしなさいと言われると、余計にやりたくなくなりました」と話している。ジョンヨンも練習生の頃、ダヒョンは（キュートだったが）ぽっちゃりしていて、体重が減らないので何度も練習禁止になったと語っている。それにもかかわらず、2014年のGOT7のヒット曲『Stop stop it』のMVに起用され、最初は冷たくふるまう女子高生としてカメオ出演した。MVにはかなり長い時間映り、ビジュアルと演技力を印象づけた。

ダヒョンは、「SIXTEEN」でもその明るさを発揮し、独特の性格を印象づけた。まずティーザーでは、監督の指示を勘違いして手を叩いただけで、大勢のファンの心をつかんだ。最初のミッションで有名な〝鷲ダンス〟を取り入れた魅力的な自作ダンスを披露すると、

さらに多くの視聴者がダヒョンの虜になった。ボーカルとラップでは苦戦したが、ダヒョンはいつもエネルギーにあふれていて、オンライン投票では上位をキープしていた。

一度だけ、TWICEの最終メンバー入りが危ぶまれたことがあった。ツウィ、サナ、ミニョンと同じチームになったミッションで、チームがうまく課題をこなせずに苦労していたとき、ダヒョンは数日続けてチーム練習を休んだ。サナは、年上としての責任から、やる気があるのかとダヒョンを問いつめた。ダヒョンは涙を流し、2人は仲直りした。このときのサナのセリフ「冗談で言ってると思った？　本気だよ」は、その後は2人の間でよくジョークとして使われている。

まだ17歳だったダヒョンはTWICEでは3番目に若く、マンネラインの一員だった。ポジションはラッパーで、ソフトな声のラップスタイルとなめらかなフロウはもう1人のラッパーであるチェヨンとは対照的で、良いコントラストになっている。2人のうち、最初にファンの注目を集めたのはダヒョンだった。

『TT』で歌うキュートな「ノムへ！（ひどい）」もネット上で拡散されたし、『LIKEY』の「チャカマチャカマ」のラップとDABポーズ（3年前に世界的に流行したヒップホップのポーズ）も、たちまち有名になった。

ダヒョンは肌が白いことから、「SIXTEEN」のティーザーでトゥブ（韓国語で「豆腐」）と呼ばれていると語っている。韓国では、磁器のような白い肌は美人の基本条件だ。それに加えて、一重まぶた（これも韓国では美人の条件）とキュートな性格のおかげで、ダヒョンはたちまち韓国で人気を集めた。ONCEはすぐにこのニックネームを取り入れ、海外ファンもTOFUと呼んでいる。ときには、ノリノリな豆腐とか、柔らかい豆腐とか、形容詞をつけることもある。

TWICEの誰よりもダヒョンは頻繁にヘアカラーを変えて、ファンを楽しませている。デビュー時のピンクとオレンジのグラデーションから、『CHEER UP』では青と金髪に変え、その後も次々と新しいスタイルに挑戦した。『TT』のジンジャーオレンジ、『LIKEY』のダークブラウン、『Dance The Night Away』のサマーブロンド、『YES or YES』のピンクとパープルのグラデーション、『FANCY』のデニムブルー、『MORE & MORE』のダークブルー、そしてさまざまな明るさのブラウンヘア。新しい髪色は、カムバックまで徹底して秘密にされる。しかし2020年4月、それまでフードを深くかぶって新しい髪色を隠していたダヒョンは、うっかりサナのV LIVEに参加し、数秒後、青い髪が丸見えになっていることに気がついた。そのときのダヒョンの表情は見ものだった。

そして、ONCEはダヒョンのもうひとつの特徴にも気がついた。カメラを見つける才能だ。ダヒョンによれば、遠くから撮影されていてもカメラに気づく第六感を持っていて、一瞬でポーズをとれるのだという。確かに、「TWICEの優雅な私生活」の、エレベーターでカップルがキスし始めるドッキリで、カメラを見つけたのはダヒョンだけだった。YouTubeでは、人ごみの中でダヒョンがカメラをまっすぐ見つめている姿を集めた動画を見ることができる。人の多いサイン会で高い所からカメラを向けられていても、ダヒョンは気づく。いうまでもなく、ダヒョンはフォトボミングの天才だ――とくに、司会者がカメラに向かって話しているときに、背後に映り込むのは天才的だ。

もちろん、ダヒョンが画面の主役になることもある。バラエティ番組や「TWICE TV」、V LIVEの配信では、どのメンバーよりも積極的に、ふざけて笑いをとろうとする。野球の試合では、恒例のスライディングに参加してスタジアムを沸かせた。「知ってるお兄さん」では、モモとミナのコンテンポラリーダンスとバレエ対決に、ダヒョンがクレイジーなダンスで乱入すると、司会者は笑いが止まらなくなった。「ランニングマン」では、いつもの奇抜なダンスでモモと対決した。「週刊アイドル」のガール・クラッシュなヴァイブスを見せるコーナーでも、絶妙な間合いでポーズをとり、笑いを誘った。だが、最高にキュートな英語で「ワイルドアンドエッジ」と締めくくってしまったせいで、ガール・クラッシュは台無しになった。

ダヒョンは何にでも積極的に手をあげる。「週刊アイドル」ではその活躍が認められ、何度かゲスト司会者として呼ばれたほどだ。アイドルスポーツ選手権で

も司会を務めた。視聴者のコメントを反映してストーリーが進行する「妄想劇場ウ・ソル・リ」では、ＡＳＴＲＯのチャ・ウヌの相手役として演技力を発揮した。また、芸能人が軍隊に参加して訓練を体験する「真の男」の女性版など、シリアスな番組にも出演している。

とくに注目を集めたのが、２０１９年に放送された「知ってるお兄さん」だ。ダヒョンはパク・ジニョンとともに出演し、２人でゲームに参加した。パク・ジニョンがルールを理解していないことにいらだったダヒョンは、年上には丁寧に話さなければいけないという韓国社会の決まりを無視して、社長にタメ口を使った。アイドルの小生意気な姿を見るのが大好きなＫ－ＰＯＰファンにとって、これはたまらない瞬間だった。

意外なことに、宿舎では、ダヒョンは静かだと言われている。本を読んだりピアノを弾いたりして過ごすのが好きで、ほかのメンバーが遅くまで起きて騒いでいても、いつの間にかいなくなって先に寝ていることもあるという。また、ステージを降りてくつろいでいるときには、ゆったりとしていて楽な男物の服を着ているため、トゥブ（豆腐）とアジョッシ（おじさん）を組み合わせて、トゥブジョッシとも呼ばれている。当初は、同じマンネラインのチェヨンやツウィと同じ部屋を使っていた。ＴＷＩＣＥの中でまだ高校生だったのはこの３人だけで、〝給食団〟を名乗り、ダヒョンがリーダーを務めていた。ＶＬＩＶＥでは、「給食団の大冒険」や「給食団の特別授業」など、３人だけの番組も配信した。番組はいつも面白く、ダヒョンがほかの２人の面白さを引き出していた。ダヒョンは２０１７年２月に高校を卒業したが、給食団は解散することなく活動を続けている。

〝サイダー〟の名前も、よくネット上で話題に上る。「ＳＩＸＴＥＥＮ」で本音をぶつけ合って以来、サナとダヒョンは大の仲良しだ。最初のうちは、サダと呼ばれていたが、賢いＯＮＣＥが〝サイダー〟という新しいコンビ名を思いついた。韓国ではレモネードなどの飲み物をサイダーというが、たしかにこれは２人の爽やかな雰囲気にぴったりだ。ダヒョンが足首をけがしたときは、サナはスリッパをはいたまま病院についていった。この一件では、ＴＷＩＣＥのほかのメンバーとの絆の強さも見せてくれた。ジヒョはダヒョンをおんぶし、ナヨンは泣きながら付き添ったという。もちろん、社交的なダヒョンはアイドルの友達も多い。DREAMCATCHERのガヒョン、GFRIENDのシンビとイェリン、Red Velvetのアイリーンのほか、男性アイドルでは、GOT7のベンベンとは練習生時代からの友人で、MONSTA Xのジュホンとは10代の初めに教会で知り合っている。

ダヒョンは、ONCEの中にもたくさん自分の友達がいると言うだろう。ファンサービスは、ダヒョンがいちばんだというONCEも多い。たしかにダヒョンは、コンサートではできるだけファンの近くまで行こうとする。アイドルスポーツ選手権でMCをしていたときは、ガラスのパーティションの向こうにいるファンにも手を伸ばした。20歳の誕生日には（とてもきれいな字の）手書きの感謝の手紙を公開した。TWICEのコンサートでは、フレッシュさとサプライズの源だ。絶えず観客とコミュニケーションをとり、通訳とリップシンクして、タイ語やマレーシア語や英語を話しているふりで会場を盛り上げる。そのお返しに、観客が大きな愛を返すと、ときには感動して泣いてしまうことも——しかし、ONCEによれば、泣いていたかと思うと、ぱっと明るい笑顔を見せるキュートなところもあるという。

「SIXTEEN」でパク・ジニョンにダメ出しされた、歌、ラップ、ダンスのスキルは、TWICEのデビュー以降、飛躍的に向上している。とくに2018年頃からは、ダヒョンがラップの実力を発揮する機会が増えた。2019年の『Feel Special』はそのピークで、今までで最高のラップパートがある。歯切れの良い「You make me every-thing al-right」は、一度聴いたら忘れられないフレーズだ。ダンスも完璧で、とくにライブでのサブユニットによるスペシャルステージでは、その実力が際立っている。ツウィと一緒にキャットスーツを着て踊ったTurboの『Black Cat Nero』のカバーでは、超キュートなコンセプトもできることを見せつけた。さらに、サナ、ツウィとユニットを組んだビヨンセの『Dance for You』では、超セクシーな姿で魅了した。「Twiceland」のツアーでは、初めてソロのパフォーマンスでステージに立っ

た。スリーピースのスーツとサングラスで登場し（曲の途中でジャケットは脱いだ）、Ｒａｉｎの名曲『Rainism（レイニズム）』をアレンジしたクールなダンスカバー『Dahyunism（ダヒョニズム）』で観客を夢中にさせた。ダンスブレイクでは、ステッキを使った完璧なダンスも披露した。

ダヒョンは、ほかにもさまざまな形でグループに貢献している。『Touchdown』や『JELLY JELLY』では振り付けのアイディアを出し、『MISSING U』ではラップ、『TRICK IT』では歌詞を書いた。ステージや映像でピアノを演奏することもあり、その腕前にはメンバーも驚いている。２０１９年には、ＹｏｕＴｕｂｅのＴＷＩＣＥ公式チャンネルで、韓国のピアニスト・イルマの『Reminiscent』をカバーしたソロのピアノ演奏動画を公開。1年後の誕生日にはまた別の動画を公開し、『Feel Special』を弾き語りした。この美しい演奏は、公開してから1か月で３００万回以上再生された。今では、「ＳＩＸＴＥＥＮ」でのパク・ジニョンの辛辣なコメントは、まったく的外れだったように思える。ＴＷＩＣＥとして過ごすうちに、ダヒョンは少女から大人の女性になり、実力を身につけて、完全無欠のオールラウンダーアイドルに成長したのだ。

채영

チェヨン

ステージネーム：チェヨン
本名：ソン・チェヨン
ニックネーム：赤ちゃん猛獣、赤ちゃんシンバ、いちご姫、チェン、チェンカソ
ラブリーの名前：チェンブリー
メンバーカラー：赤
国籍：韓国
ポジション：メインラッパー、ボーカル
誕生日：1999年4月23日
星座：おうし座
血液型：B
身長：159cm

TWICEのメンバーでいちばん背が小さく、2番目に若いわりには、チェヨンにはパンチ力がある。かわいい声と目を引く外見だけでも、グループには欠かせない存在だが、チェヨンはステージで見せる顔以上のものを持っている。活発さと自分を表現する勇気は、普通のアイドルの枠には収まらない。

チェヨンはソウルの中心地、遁村洞（トゥンチョンドン）で育った。子どもの頃の写真を見ても、整った顔立ちとほくろ、大きな目がとても個性的。ナヨンは最初に会ったとき、韓国人ではないと思ったそうだ。母親と弟のジョンフンを見れば、整った外見は家族の特徴であることがわかる。

本人いわく、チェヨンは子どもの頃から活発で、生まれながらのパフォーマーだった。幼い頃から演技のレッスンを受け、短い間だがバレエを習い、子ども向けの雑誌のモデルを務めていた。そして小学生の頃に

は歌手になりたいと思うようになり、13歳でダンスレッスンを始める。コンテストに参加したときには、JYPのグループ2PMの曲に合わせて踊った。その後、PLEDIS（プレディス）エンターテインメントとJYPのオーディションにも参加（プレディスには、ボーイズグループNU'ESTやガールズグループAFTER SCHOOLが所属している）。JYPのオーディションでは、2NE1の『IT HURTS』を歌った。JYPから合格の連絡を受けると、すでに事務所のファンだった母親は大喜びした。

チェヨンはまだ13歳だったが、2012年6月6日にはJYP練習生としての生活をスタートさせる。その1か月後にダヒョンが、5か月後にツウィが入社した。しばらくしてチェヨンは、練習生のプロジェクトで自分にラップの才能があることに気づき、トレーニングを始める。ダンスはどちらかというと苦手で、JYPの基本的な振り付けのダンス試験を通過するのに2年半かかった（モモはたった3か月で通過した）。

ほかの未来のTWICEメンバーとともに、チェヨンはGOT7の『Stop stop it』や、missA『Only You』のMVに一瞬だが出演した。しかし、本当にブレイクしたのは、3年後に、2015年。練習生となって3年後に、「SIXTEEN」の参加者として名前があがったときだった。チェヨンはまだ16歳で、今回は経験を積むための出演にすぎず、2017年にJYPがデビューさせるつもりの次のガールズグループに入るだろうと多くの人は考えていた。しかし、チェヨン自身はTWICEに選ばれるつもり満々だった。なにしろ、TWICEにはラッパーが必要だが、その才能がある参加者はそれほど多くはなかったのだ。

ティーザーで、チェヨンはシルバーのボディスーツに黒の大きめのジャケットを合わせ、ニッキー・ミナージュの『Stupid Hoe』を力強くカバーし、ラッパーの才能を見せつけた。最初のミッションでは、すばらしいラップでメジャーの実力を証明し、写真撮影ミッションでは、ピンストライプスーツにステッキとつけひげを合わせ、小生意気だがキュートな個人写真を完成させた。パク・ジニョンの『Honey』は最高の出来で自作のラップまでつけていたが、ジヒョの完璧なパフォーマンスに負けてしまい、マイナーに降格してしまう。そこから、前半のミッションではなかなか存在感を示せず、一時は脱落しかけたが、代わりにモモが番組を去った。その後、最終ステージに近づくにつれてチェヨンは自信を取り戻し、パク・ジニョンの求める個性を発揮できるようになっていった。

ファイナル前夜、チェヨンは「デビューして世界一になるしかないですよね?」という名言を残した。そして、翌日の最終パフォーマンスでは見事ラップを成功させ、アイドルとしての第1歩を踏み出す。番組を通して、歌も、ダンスも、ラップも上達していた。視聴者の投票でもパク・ジニョンからも高評価を受け、TWICEの最終メンバーに選ばれた。チェヨンは感激した。とくに、よく面倒を見てくれた祖母を喜ばせられるのが嬉しかった(練習生たちは、チェヨンが祖母の家から持って帰ってくるツナのキンパが大好きだった)。しかし、悲しいことに、親友のソミは脱落してしまった。

チェヨンは、グループのメインラッパーを担当している。短いラップパートをダヒョンと分け合っていることや曲自体のかわいさのせいで出番は限られるが、チェヨンのフロウはすばらしく、早口のラップも甘いラップもお手のものだ。フリースタイルのラップも得意で、カバーパフォーマンスなど機会があるときには、そのスキルを惜しみなく披露している。たとえば、「シュガーマン」で、ジヒョ、ナヨン、ツウィとカバーした『Daring Women』や、TWICEとしてカバーしたWonder Girlsの『So Hot』など。スペシャルステージパフォーマンス「Grwwdy」では、チェリアナ・グランデというあだ名がついた。2018年のKBS歌謡祭では、JYPファミリー唯一の女性ラッパーとしてステージに立ち、ジェイ、ヨンケイ、GOT7のベンベン、DAY6のドウン、そしてStray Kidsのハン、チャンビンなどの男性ラッパー陣と張り合った。

コンサートやカバーパフォーマンスでは、ラップの作詞でも才能を発揮している。その中でも最高傑作は、デビューからわずか1年後、JYPネイションでカバーしたリアーナの『Work』で、TWICEのアン

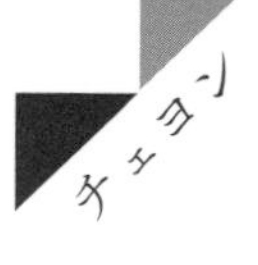

チを痛烈に批判した怒りのラップだろう。また、チェヨンはTWICEのオリジナル曲の制作に関わった最初のメンバーでもある。2016年、『Precious Love』で自分とダヒョンのラップパートを書いたのをきっかけに、それから毎年作詞に携わっている。『MISSING U』『SWEET TALKER』（ジョンヨンとの共作）、『STRAWBERRY』、『SWEET SUMMER DAY』などはファンにも人気が高い。

JYPでラッパーとしてのスキルを磨く一方、チェヨンはボーカルのトレーニングも受けていた。しかし、TWICEは9人と大人数でデビューしたため、歌のパートはなかなか回ってこなかった。『Touchdown』や『Feel Special』では歌い出しを担当しているが、チェヨンのボーカルとしての才能がよくわかるのは、『Tuk Tok』、『YOU IN MY HEART』、『MISSING U』などのアルバム収録曲だ。EP『MORE & MORE』ではこれまでよりも前面に出てタイトルトラックのフックを歌っているし、『OXYGEN』や『SHADOW』でも重要なパートを割り振られている。このことはもしかしたら、将来チェヨンが活躍する機会が増えることを意味しているのかもしれない。現時点では、チェヨンの美しいボーカルスタイルを最も堪能できるのは、2016年の「MELODY PROJECT」だろう。CheezeのバラッドAlone』のカバーは、一度聴いたら忘れられないほどすばらしい。

いちばん才能豊かなのは誰かと聞かれると、メンバーはチェヨンを選ぶ。パフォーマンススキルがあるだけでなく、芸術家で、動画や写真を撮影したり、詩を書いたり、絵を描いたりするのも好きだ。バラエティ番組では似顔絵を描くことが多いが、いつもよく似ている。チェヨンが描いたイラストはアルバムのジャケットやフェイスマスク、トートバッグ、SPRISとのコラボスニーカーにも使われている。寝室には、ピカソの名言「絵を描くことは、日記をつけることと同じである」を飾っていて、バスキアとフンデルトヴァッサーを敬愛している。ファンから、〝チェンカソ〟（チェヨン＋ピカソ）と呼ばれているのも不思議ではない。

チェヨンはツウィより年上だが、たった2か月弱の差しかないことは忘れられがちだ。実は高校では同じクラスで、2019年2月に一緒に卒業している。2学年上のダヒョンをリーダーに、3人で〝給食団〟を名乗ってV LIVEを配信するなど楽しい活動もしている。チェヨンが所属しているのは給食団だけではない――そのちょっと変わったユーモアのセンスから、ジョンヨンと合わせて〝ノジェム兄弟〟と呼ばれている。ナヨンとも親しく（ONCEにはナチェンというコンビ名で呼ばれている）、ナヨンが自分のことをいちばんよくわかっていると語っている。ミナとの仲睦まじい様子も、ミチェンというコンビ名でONCEに愛されている。

あるとき、チェヨンは宿舎での会話の中で、いちごが好きという理由で両親から〝いちご姫〟と呼ばれていると話した。当然その後、ありとあらゆるいちごのアクセサリーがファンから届くようになる。ONCEがつけたニックネームは〝赤ちゃん猛獣〟で、チェヨンの大きな目とわずかに尖った歯が、ライオンやトラの赤ちゃんのように見えるという理由だ。チェヨンはこのニックネームを意識して、ライオンの着ぐるみを着たり、ライオンのぬいぐるみを抱いたりするようになった。2019年には、K-POP界の〝赤ちゃんシンバ〟として、映画「ライオン・キング」のプレミアに招待された。

どのニックネームも、チェヨンのTWICE内での立ち位置――小さいけれど大切な存在で、ポケットに入れておきたくなるほどかわいい妹――をよく表している。それも、ある意味では真実かもしれない。しかし、チェヨンはスポーティな服装やシックなスタイルも似合う。さらに年齢とともに、色っぽくセクシーな姿も見せるようになってきた。その存在感は、まるでカメレオンのよう。制服に黒いロングヘアーでふざけるチェヨン。前髪やツインテールがとてもキュートなチェヨン。『What is Love?』では、黄色いバレリーナの衣装を着てプリンセスのようだったチェヨン。『FANCY』のピンクのショートヘアで、はっきり自分を表現したチェヨン。『MORE & MORE』では、ツインのお団子にエレガントなフレアスリーブのドレスがよく似合っていた。

チェヨンは、髪色を赤やオレンジ、ミントグリーン、プラチナブロンドと次々に変化させてきた(オレンジのロングヘアーがいちばん人気だったが、本人は黒髪が好きらしい)。チェヨンウォッチャーは、最近新しい趣味を見つけた。タトゥーを探すことだ。2019年6月の「Twicelights」ツアー中、チェヨンが手首にイチゴのように赤い唇のタトゥーを入れているのが目撃された。その夏、肩にミニトマトが彫ってあるのが発見された。このゲームはその後も続き、すぐに前腕の4つの小さなニンジンや、首にハートと矢のタトゥーが見えるチャンスもあり、TWICEの曲『Shot thru the heart』にちなんだハートと矢のタトゥーが見える写真が出回った。さらに、ひじの上には、チェヨン本人がデザインした魚のタトゥーがある。ONCEは引き続き、新しいタトゥーをチェックしている。

K-POPアイドルにとって、とくに女性の場合、タトゥーを入れるのは今でも勇気の要る行動だ。韓国社会は非常に保守的で、つい最近まで、この種のボディーアートは快く思われていなかった。そのタブーをあえて破るというのは、とてもチェヨンらしい行動だ。ジョンヨンは2019年の「Marie Claire」のインタビューで、チェヨンの「決断力と自由な考え方」をほめている。チェヨンはあれこれ考えず、やりたいと思ったことは実行に移す。その例のひとつが、クリステン・スチュワートのショートヘアに憧れ、髪を切ったことだ。事務所にも相談しなかったので、パク・ジニョンは髪が短くなったチェヨンを見て困惑し、次にそういうことをするときは少なくとも報告してほしいと頼んだそうだ。

チェヨンは、2019年の「GQ Korea」のインタビューでも、ロールモデルとしてクリステン・スチュワートの名前をあげている。そして、スチュワートがカンヌ映画祭で、ドレスにコンバースのスニーカーを合わせていたことについてこう語った。「私も暗黙の了解を破るような人間になりたいです。アイドルは美人でかわいくて愛嬌があるだけの存在だと思われていますが、そのイメージを広げたいのです」

チェヨンは芸術に興味があり、韓国や欧米のアンダーグラウンドミュージックや無名のアーティストの音楽も好んで聴くため、TWICEの中でも自由な存在と考えられている。人前に出るときもマスクで顔を隠さず、デザイナーズブランドの服よりも古着を好み、チェヨンとナヨンにつきまとっていたストーカーをインスタグラムできっぱり非難した。チェヨンは、アイドルがまとう神秘的な雰囲気を打破したくてたまらないようだ。ＶＬＩＶＥでは、肌荒れ中のナヨンにも出演するように促した。アイドルもほかの人間のように、肌の調子が悪い日があると知らせるためだ。そして、ありのままの自分を好きでいるために、痩せようとしないよう心がけているとも話している。

ＴＷＩＣＥは新しい時代のK-POPグループとして、メンタルヘルスの話題にもオープンになろうとしているが、この進化の中心にいるのもチェヨンだ。ファンに向けて、自分を信じ、他人と比べないようにと語りかけ、心を健康かつポジティブに保つことの重要性についても語っている。韓国の女性雑誌「ａｌｌｕｒｅ」では、「創作や自己表現が自然にできるアーティストになりたいです。インスピレーションを与え、人の役に立つ人間になりたいと思っています」とコメントした。体はデビューしたときの小さいチェヨンのままかもしれないが、ＴＷＩＣＥの赤ちゃん猛獣は、さまざまな意味で大きく成長している。

쯔위

ツウィ

ステージネーム：**ツウィ**
本名：**チョウ・ツウィ**
ニックネーム：**チューイー、ヨーダ、自由**
ラブリーの名前：**ツブリー**
メンバーカラー：**青**
国籍：**台湾**
ポジション：**リードダンサー、ボーカル、マンネ**
誕生日：**1999年6月14日**
星座：**ふたご座**
血液型：**A**
身長：**172cm**

1990年から、アメリカの映画レビューサイトTC Candlerが、世界で最も美しい顔ランキングを発表している。これまで1位に輝いたのは、スーパーモデルのジョーダン・ダンや女優のエマ・ワトソン、キーラ・ナイトレイなどだが、2019年、TWICEの最年少メンバーであるツウィが、世界で最も美しい顔に選ばれた。K-POPのファンにとっては、いまさら驚くほどのことではなかった。15歳のシャイなツウィが「SIXTEEN」に登場したときから、彼女が最高峰の美貌の持ち主であることはよく知っていたからだ。

ツウィの「SIXTEEN」ティーザーが公開されると、背が高くエキゾチックで、誰よりもかわいい顔と完璧なプロポーションを持つ参加者がいると大きな話題を集めた。第1話の放送が終わる頃には、韓国のK-POPサイトでツウィのGIFが拡散されていた。韓国の美の基準には当てはまらず、ほかの外国人K-POPアイドルの誰にも似ていないが、とても魅力的な少女に視聴者は目を奪われた。

最初の反応こそ大きかったが、台湾人練習生に与えられた機会は少なかった。ビジュアルは大事だが、すべてではない。ツウィはぎこちなく、歌もダンスも飛び抜けてうまいというわけではなかった。しかし、驚くべきことが起こった。番組が進行するにつれて視聴者はツウィに夢中になり、ツウィは自信をつけて能力が次第に開花していったのだ。1対1チャレンジでは、人気者ナヨンとの対決で才能を見せつけた。プッシーキャット・ドールズの『Sway』をカバーし、完璧とは言えないまでも、実力を認められたボーカルを相手に良い勝負ができることを証明した。「かわいすぎて、ミスがあっても気づかない」と対決相手のナヨンは不安そうに語った。この頃からツウィは、視聴者によるオンライン投票でぐんぐん順位を上げてきていたが、パク・ジニョンはまだ若いツウィのポテンシャルを完全に信じてはいなかった。

ジョンヨンとナヨンとチームを組んだミッションで、形勢は逆転した。2人の助けを借りて、ツウィはかわいい女の子から色っぽい女性に変身し、年上練習生から刺激を受けて、歌とダンスのスキルを飛躍的に向上させたのだ。ｍｉｓｓ Ａの『Hush』のチームパフォーマンスを見たときに、パク・ジニョンは番組の途中で16歳の誕生日を迎えたツウィの才能に気がついたようだ。そして、ライバルからでさえ愛されていることに感心し、最終話では、観客の目を信じてみようと結論づけた。パク・ジニョンは、ツウィはほかの誰よりもスキルを伸ばしたと評価し、その努力こそ、成功への情熱を持っていることの証だと語った。そして、ツウィをオンライン投票で1位に選んだ視聴者を喜ばせた。それは、ツウィをＴＷＩＣＥの最終メンバーに加えると決断し、パク・ジニョンを決して後悔させない決断だった。

ツウィは、人気K-POPグループのメンバーになった、初めての台湾人だった。K-POPが台湾で多くの関心を集めていることを考えると、これは意外なことだ。すでに、ガールズグループｆ（ｘ）のエンバが大きな成功を収めていたが、両親は台湾人でも、エンバはアメリカ生まれのアメリカ育ちだった。一方ツウィは、典型的な台湾人だった。台湾の台南市生まれで、両親は夜市でビジネスをしていた。ツウィは歌とダンスが好きで、幼い頃からレッスンを受けていた。2012年、台南でのMUSEパフォーミング・アート・ワークショップで踊っている動画がインターネットに公開された。高身長とキレのいい動きは参加者の中でも目立っており、自ずとJYPのスカウトの目に留まった。韓国でのオーディションを通過し、2012年11月、ツウィはソウルの中学校に転校して、練習生生活をスタートさせた。

その2年半後、ツウィは「SIXTEEN」に参加することになった。当時、ツウィは将来TWICEになるメンバーとはあまり交流がなかった。もちろん、練習生たちはツウィのことを知っていた。ナヨンによれば、ツウィの美しさは有名で、入社する前から噂になっていたし、社内の発表会で見かけてかわいい子だと思っていたのだそう。しかし、ツウィは入社してすぐは韓国語が話せず、ほかの練習生と親しくなれなかった。「SIXTEEN」が始まってからも、ツウィの韓国語は流暢とは言えなかった。

TWICEの最終メンバーが決まると、ツウィはグループのマンネ（最年少メンバー）と呼ばれることになった。K-POPグループにとって、マンネは特別な存在で、たくさんの特権があるが、果たすべき義務は少ない。マンネは音源やパフォーマンスで大きな役を任されることはなく、バラエティ番組であまり発言せずもじもじしていても許される。このポジションは、ツウィにぴったりだった。たった16歳で、もともと内気な性格。韓国語にもまだ自信がない。幸い、年上のメンバーは喜んでツウィの世話を焼いた。後に給食団を結成するダヒョンとチェヨンが同じ部屋になった。ジヒョはとくに面倒見がよく、ツウィが宿舎に入ると、ジョンヨンがすでに荷ほどきをしてくれていた。

最初の頃、ツウィはそのビジュアルで人々を惹きつけた。グループで飛びぬけて背が高く、ツヤツヤのロングヘアーとエキゾチックな雰囲気のおかげもあって、ツウィを見つけるのは簡単だった。長い脚と丸いヒップ、細い腰を強調する衣装を身につけると、ほかのメンバーでさえもツウィのスタイルの良さに驚いた。たちまちツウィは、韓国でも海外でも人気メンバーランキングで上位に選ばれるようになる。さらにデビューしてまもなくＬＧ Ｕ＋の広告に起用され、エレベーターの中でセクシーに踊るＣＭが公開された。バラエティ番組の特技を披露するコーナーでは、舌を器用に裏返したり耳を動かしたりするなどの努力はしていたが、全体的にあまり発言せず、はにかんだ様子も、ツウィの魅力のひとつだった。

あるとき、さらにツウィが発言しにくくなるような事件が起きた。デビューからわずか数か月後、ツウィは意図せずに政治的な問題を引き起こしてしまったのだ。台湾独立の象徴である中華民国の旗を持ったツウィが韓国のバラエティ番組に映ると、中国本土で批判の声が上がり、ＪＹＰのボイコットが始まった。中国の会社であるファーウェイは、ツウィとのＣＭモデル契約を打ち切ってしまう。その後、緊張し、動揺している様子のツウィが謝罪する動画が公開された。まだ若いツウィには厳しすぎる試練で、しばらくの間、ツウィはようやく身につけたわずかな自信さえ、失ってしまったようだった。

しかし、ツウィは内に秘めた強さを持っていた。ほかのメンバーは、そのことに気がついていた。ほとんどのメンバーが感極まってしまうような場面でも、ツウィだけは公の場で涙をほとんど見せなかった。最初にツウィが泣いたのは、２０１６年６月、料理番組「冷蔵庫をお願い」にゲスト出演したときのことだ。皮に具を包んだ料理を頬ばると、一緒に出演していたジョンヨンが、中華料理を食べるとツウィは母親のことを思い出すのだと解説した。それを聞いたツウィは、思わず涙が止まらなくなってしまった。それでも、あまり感情を見せないことに定評のあったツウィだが、ある日ジヒョが、実はどのメンバーより泣き虫で、唐突に泣き出すこともあり、本当はとても優しい心の持ち主なのだと暴露した。

メンバーはマンネを温かく見守り、ツウィという名前が韓国語の発音に似ていることから、〝自由〟というニックネームで呼んだりもした。しかし、ジヒョとジョンヨンはもっといいニックネームを思いついた。大きな目ととがった耳が、ヨーダをかわいくしたみたいだと思いついたのだ。そんなとき、ツウィがダンスの練習に「スター・ウォーズ」のＴシャツを着てきたことで、ヨーダというニックネームは定着し、ツウィはサイン会にヨーダのおもちゃやライトセーバーを持ってくるようになった。２０１６年のサイン会で、誕生日に何が欲しいかと聞かれたツウィは、「メンバーの愛」と言おうとして、「メンバーのキス」と言い間違えてしまった。そこから、メンバーの誕生日にキスをするのが、毎年の恒例行事になった。

ツウィは、ときどきとても面白い言い間違いをする。デビューした年、ＧＯＴ７のジャクソンやほかのメンバーと番組で共演し、最後に1日の感想を聞かれると、「とてもつまらなかったです」と答えた。ツウィのために言っておくと、韓国語の「楽しかった」と「つまらなかった」はとても似ていて、間違えやすいのだ。ほかにも、すごくかわいい言い間違いがある。メンバーとしりとりをしていたとき、語彙がまだ少なかったツウィは、「マミー、サランへ」（お母さん愛している）と言った。めちゃくちゃだがとてもかわいい発言は、すぐにＧＩＦになってＯＮＣＥに重宝された。

ＯＮＣＥは、ツウィがかわいいだけでなく、ときに残酷になれることも知っている。ツウィの率直な発言はとても面白い。「知ってるお兄さん」で、誰の隣に座りたいかと聞かれたとき、ツウィはＭＣたちをじっくり眺めた後、「誰でもいいです」と言い放った。また、運転免許証をとったら車に乗せてあげるとナヨンに言われたときは、「ジヒョの車に乗ります」と答えた。ＯＮＣＥお気に入りのエピソードは、ＭＡＭＡの舞台裏でのひとコマだ。体調の悪かったツウィに、ジヒョが優しく「私がツウィの薬でしょ」と言うと、ツウィは即座に、「だからまだ治らないんです」と切り返した。そして、水族館でジヒョ（再び）が「水に落ちてサメに襲われたら助けてくれる？」と聞くと、真顔で「泳げません」と答えた。

どんなにＯＮＣＥがツウィを独り占めしたいと思っても、そういうわけにはいかない。ツウィはあまりにも美人だった。ツウィの画像は何度もインターネット上で話題になり、世界中で新しいファンが増えていった。ステージや映像のツウィもすばらしかったが、パフォーマンスしていないときの姿に注目が集まることも多かった。２０１６年のアイドルスポーツ選手権では、アーチェリー競技に出場し、矢と一緒に髪の毛を弾いてしまったときの写真が拡散された。髪をなびかせるツウィの姿はあまりに優雅で美しく、誰もが目を留めずにはいられなかった。ハリウッドの映画監督までもが、ツウィに注目したのだという。日本では、コウモリのカチューシャをつけたツウィの画像が何度も拡散。2020年には、シンプルな白のTシャツに、すっぴんで髪をまとめただけの姿が話題を集めた。

TWICEがデビューしたとき、ツウィは、ただのビジュアル以上の存在になりたいと宣言した。そして、韓国語、日本語、英語とすべて外国語で歌わなければならないにもかかわらず、頼りになる万能なボーカルであることを証明した。曲に合わせて音域や声調を変えることができるツウィは、『Precious Love』や『ROLLIN'』で大活躍。さらに『SIGNAL』のサビでは、ツウィの歌の才能がよく表れていた。歌唱力に自信がついたのか、『BRAND NEW GIRL』では多くのパートを担当し、存在感を示すことにも成功。また、なめらかでエレガントなダンスも、確実に上達している。成長とともに、色っぽい振り付けもできるようになり、TWICEのコンサートではビヨンセのカバーでその成果を発揮した。2019年12月のSBS歌謡大祭典では、AOAのソリョンとTroyBoiの『Do You?』をカバーし、鏡合わせのダンスで最高にセクシーなステージを披露した。

スポットライトを浴びて成長するにつれ、ツウィの素顔が次第に明らかになっていった。メンバー以外のアイドルとも友達で、元CLCのエルキーや(G)I-DLEのメンバーで同じ台湾人のシュファと親しくしている。スポーツも好きで、CM出演をきっかけにスケートボードにも乗れるようになり(「Tzuyu Skate Twice」というスマホゲームを作ったファンがいる)、アイドルスポーツ選手権ではアーチェリー競技で大活躍。犬好きでも知られ、かわいいチワワのグッチを溺愛している。クリエイティブな面もあり、「Twicelights」ワールドツアーではグッズのゴミ箱をデザインした。「ネガティブなエネルギーをここに入れてね」と書かれた斬新なデザインのゴミ箱は大人気で、在庫が補充されるたびにすぐに売り切れてしまうのだという。また、メンバーによると、

TWICEでいちばん料理が下手なのはツウィなのだそう。そのためか、2017年にツウィが配信した2時間の料理V LIVEは、大惨事になってしまう。とはいえ、再生回数という意味ではこれは大成功だった。

2020年、ツウィは21歳になった。台湾の誇りであり（国旗事件以来、年配の台湾人もツウィを応援している）、TWICEのオールラウンダーでもある。ONCEが見守る中、ツウィは少し不器用な美少女から、ステージ上の凛としたパフォーマーに成長しただけでなく、はっきり物を言う若者としての姿も見せるようになった。ツウィは世界で最も美しい女性なのかもしれないが、それより大切なのは、TWICEにとって必要不可欠な存在だということだ。

著者紹介

ジェイミー・ヒール
JAMIE HEAL

ロンドン在住。韓国文化やK-POPの研究家で、スポーツや音楽などさまざまなジャンルに精通している。

ジヒョ、ナヨン、
——『FANCY Y
ショーケースにて

2019年SBS歌謡大祭典での
サナとジヒョ

miss A――
TWICEのメンバーがその
背中を目標にしてきた先輩
ガールズグループ

TWICE

J.Y. Park

韓国のシンガーソングライター。JYP エンターテインメントの創業者。パク・ジニョンや JYP とも呼ばれる。敏腕プロデューサーとして知られ、TWICE はもちろん、2PM、Wonder Girls、miss A、GOT7 のほか、最近では日韓合同企画のアイドル NiziU なども手がけている。

2015年MAMA女性新人賞——TWICE初のトロフィー

TWICE　9人のストーリー

2021年5月26日発行 第1刷

著者　ジェイミー・ヒール

翻訳協力　綿谷志穂
編集協力　上村絵美
ブックデザイン　小椋由佳

発行人　鈴木幸辰

発行所　株式会社ハーパーコリンズ・ジャパン
東京都千代田区大手町 1-5-1
03-6269-2883（営業）
0570-008091（読者サービス係）

印刷・製本　中央精版印刷株式会社

定価はカバーに表示してあります。

Printed in Japan
ISBN978-4-596-55165-8

TWICE : The Story of K-Pop's Greatest Girl Group
by Jamie Heal

Published by K.K. HarperCollins Japan, 2021

photo credit

P11:Yonhap/Newcom/Alamy Live News
P12-13:Visual China Group via Getty Images
P14-15:(Top)Lee Jae-Won/AFLO/Alamy Live News
P15:(Bottom)Lee Jae-Won/Aflo Co. Ltd./Alamy Live News
P16:Yonhap/Newcom/Alamy Live News
P209:(Top)Yonhap/Newcom/Alamy Live News
P209:(Middle)The Chosunilbo JNS/Imazins via Getty Images
P209:(Bottom)Ken Ishii/Getty Images
P210:(Top)Yonhap/Newcom/Alamy Live News
P210:(Middle)The Chosunilbo JNS/Imazins via Getty Images
P210:(Bottom)Yonhap/Newcom/Alamy Live News
P211:(Top)Yonhap/Newcom/Alamy Live News
P211:(Middle)The Chosunilbo JNS/Imazins via Getty Images
P211:(Bottom)Han Myung-Gu/WireImage/Getty Images
P212:(Top)Greg Doherty/Getty Images
P212:(Bottom)Imaginechina Limited/Alamy Stock Photo
P277:Yonhap/Newcom/Alamy Live News
P278:(Top)THE FACT/Imazins via Getty Images
P278:(Bottom) Choi Soo-Young/Multi-Bits via Getty Images
P279:(Top)Choi Soo-Young/Multi-Bits via Getty Images
P279:(Bottom)Visual China Group via Getty Images